百年豪门
MANCHESTER CITY
曼彻斯特城

SINCE 1894

直笔体育百科系列

念洲　流年 ■ 著

北京时代华文书局

图书在版编目（CIP）数据

百年豪门.曼彻斯特城 / 念洲，流年著. -- 北京：北京时代华文书局，2025.4. -- ISBN 978-7-5699-5992-5

Ⅰ.G843.61

中国国家版本馆 CIP 数据核字第 2025DG4243 号

BAINIAN HAOMEN: MANCHESITE CHENG

出 版 人：陈　涛
选题策划：董振伟　直笔体育
责任编辑：马彰羚
执行编辑：孙沛源
责任校对：薛　治
装帧设计：严　一　迟　稳
责任印制：刘　银

出版发行：北京时代华文书局 http://www.bjsdsj.com.cn
　　　　　北京市东城区安定门外大街 138 号皇城国际大厦 A 座 8 层
　　　　　邮编：100011　电话：010-64263661　64261528

印　　刷：北京盛通印刷股份有限公司
开　　本：710 mm×1000 mm　1/16　　　成品尺寸：170 mm×240 mm
印　　张：14　　　　　　　　　　　　　字　　数：204 千字
版　　次：2025 年 4 月第 1 版　　　　　印　　次：2025 年 4 月第 1 次印刷
定　　价：68.00 元

本书图片由视觉中国提供。

版权所有，侵权必究
本书如有印刷、装订等质量问题，本社负责调换，电话：010-64267955。

卷首语

　　2024年5月19日，曼彻斯特，伊蒂哈德球场。何塞普·瓜迪奥拉将英格兰足球超级联赛（简称"英超"）的冠军奖杯高高举起，轻轻献上一吻。他已经连续四年亲吻这座奖杯了。是的，这位53岁的西班牙名帅带领曼彻斯特城队（简称"曼城队"）实现了英超四连冠的伟业。

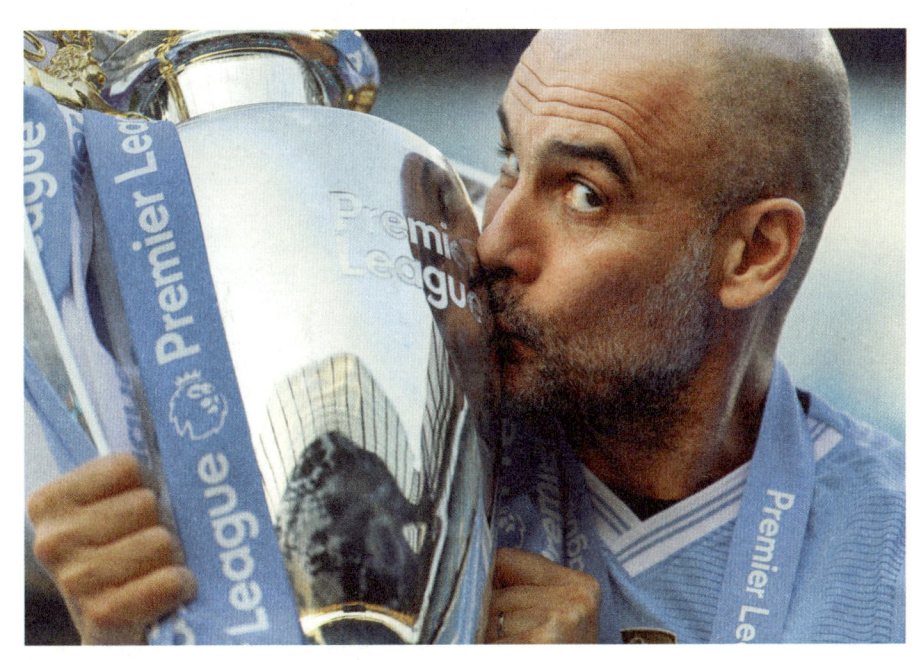

卷首语

不满24岁的英格兰中场菲尔·福登说道:"难以用语言描述我们今天的胜利。没有一支球队曾经取得英超四连冠。我们把自己写进了历史。"

其实,曼城队何止书写了历史,这支球队就是传奇的创造者。从2022—2023赛季的"三冠王",到2023—2024赛季实现英超四连冠,"蓝月"(曼城队绰号)已经是当今足坛最优秀的球队之一,也是英超乃至英格兰顶级足球联赛(含英超前身英格兰足球甲级联赛,简称"英甲")历史上最伟大的球队之一。

这般成就,放在二十年前、十多年前,是没有任何人能够想到的。因为直到2012年,曼城队才夺得球队历史上的第一个英超冠军,而那时,距离这支球队上一次捧起英格兰顶级足球联赛冠军奖杯,已经过去了44年之久!

虽然在20世纪60年代,曼城队曾经有过短暂的辉煌,但是持续时间并不长,而且等到下一次的辉煌,竟然花了将近半个世纪的时间。不过,这44年的等待还是值得的,因为最终等来了一个无比辉煌的"蓝月王朝"。

那么,曼城队的昔日辉煌是如何创造的,又是怎样消逝的?神奇的瓜迪奥拉,又是如何打造出极盛时期的"蓝月"的呢?接下来,就听笔者慢慢道来吧。

目 录
CONTENTS

第一章
曼城队的诞生

01 难以勾勒的初创史……2
02 "蓝月"初升……7
03 入驻缅因路……13
04 从夺冠到降级……18
05 艰难岁月……22

第二章
"蓝月"当空

01 "绝代双骄"……30
02 皓月当空……36
03 从升起到坠落……43

第三章
暗夜蛰伏

01 回光返照……50

02 沦为"升降机"……55

03 连降两级 至暗时刻……60

第四章
黎明之前

01 升级两连跳 立足英超……68

02 告别缅因路 他信入主……72

03 "中国太阳" 闪耀曼市……77

04 改朝换代 迎接黎明……82

第五章

"9320" 英超首冠

01 问鼎足总杯 35年首冠……88

02 曼彻斯特的天空是蓝色的！……92

03 "9320奇迹"……97

04 曼奇尼下课……101

05 "佩工"与"双冠王"……105

第六章

瓜迪奥拉驾临

01 瓜迪奥拉 "世一帅"……112

02 念念不忘 必有回响……116

03 开局 "四大皆空"……119

04 首夺英超冠军 "双冠王"加身……123

05 英格兰 "四冠王" 历史第一队……129

06 "红蓝"再争霸 "瓜渣"一时瑜亮……134

第七章

无比辉煌的"瓜氏王朝"

01 再次问鼎英超 欧冠屈居亚军……142

02 射手王离队 英超两连冠……147

03 "魔人"降世 三连冠功成……153

04 欧冠终圆梦 三冠铸伟业……160

05 英超四连冠 历史第一队……168

06 辉煌王朝 数据为证……174

荣耀殿堂

50大球星……180

队史最佳阵容……192

历届英超积分排名……193

冠军荣誉……194

纪录盘点……195

历史出场榜……196

历史进球榜……196

历任主帅及荣誉……197

历任队长……198

历任主席……198

主场变迁……199

队歌……200

联赛十大战役……203

欧洲赛事十大战役……208

中国情缘……213

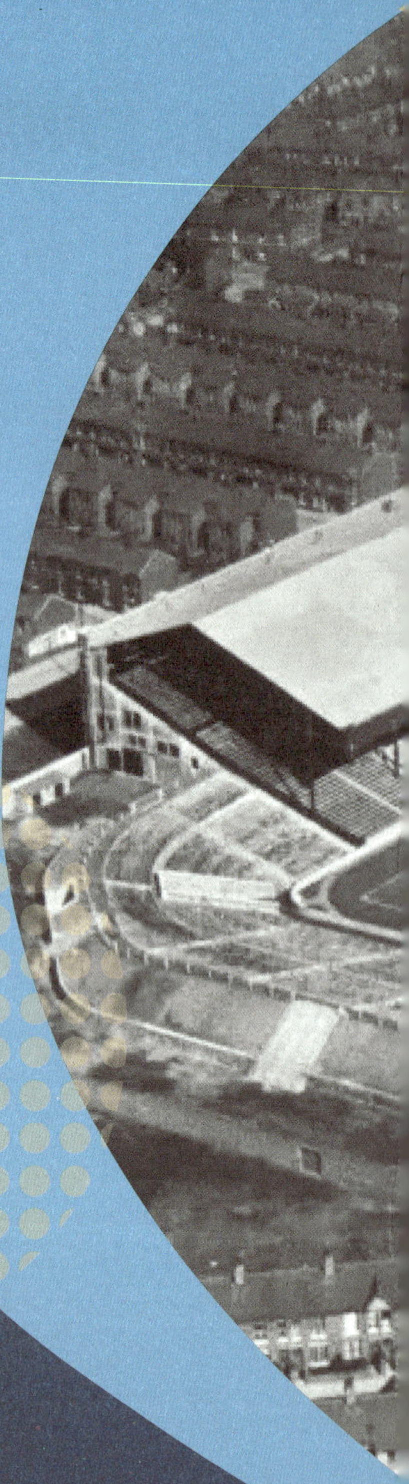

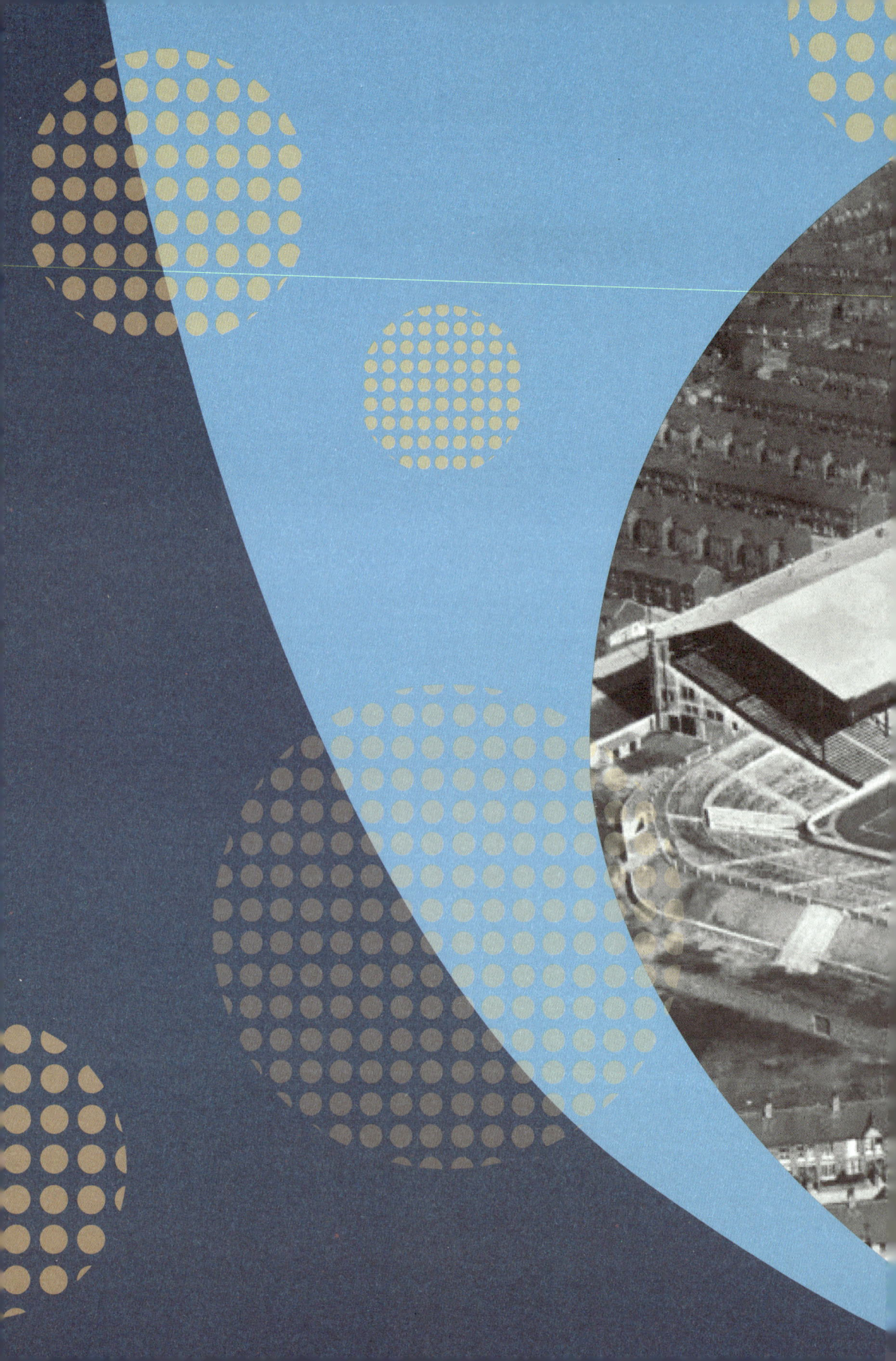

第二章
曼城队的诞生

讲述一支球队的历史，当然要从介绍球队的创立历程开始，曼城队也不例外，但与其他球队相比，曼城队的早期历史却很难以清晰的面目展现在当代人的面前。

01

难以勾勒的初创史

在曼城队的早期历史上,1887年是极具历史意义的一年。

01 难以勾勒的初创史

讲述一支球队的历史，当然要从介绍球队的创立历程开始，曼城队也不例外，但与其他球队相比，曼城队的早期历史却很难以清晰的面目展现在当代人的面前。那么人们可能要问：这是为什么呢？

据说在1920年，一场大火将球队的官方资料尽数销毁，要知道那时距离十九世纪七八十年代已有将近半个世纪的时间，想要回溯谈何容易。从1930年开始，就有不少历史研究者通过各种方式（主要是查找当时的报刊资料）试图重新探究曼城队的初创史，虽然仍有许多模糊不清、互相矛盾的地方，但大体上能够揭开那层神秘的面纱。

第一章 曼城队的诞生

1875年,曼彻斯特西戈顿地区圣马克教堂的成员建立起了一支教堂板球队。不过漫长的冬季没有板球比赛,为了弥补缺憾,在当地的教区长亚瑟·康奈尔的提议下,教堂管理员威廉·比斯陶和托马斯·古德比海尔于1880年冬天创立了一支教堂足球队,这支球队没有正式的名字,通常情况下被叫作"圣马克队",有时也会被写作"西戈顿队"。

1880年11月13日,圣马克队迎来创立之后的第一场比赛,结果被另一支教堂球队麦克尔斯菲尔德队2比1击败。1880—1881赛季,圣马克队一共踢了9场比赛,取得1胜3平5负的成绩,进5球、失23球。唯一的胜利是在1881年3月19日获得的,对手是斯泰利布里奇队:在落后1球的情况下,圣马克队完成了3比1的逆转。但赢球并不能说明圣马克队的实力有多强大,因为对手只来了8名球员,不得不临时找3名志愿者上场充数!

1881—1882赛季,圣马克队一共踢了12场比赛,最具历史意义的是与牛顿希斯队的首回合较量,牛顿希斯队就是后来的曼彻斯特联队(简称"曼联队"),这场比赛可以算是历史上第一场曼彻斯特德比了,尽管两队当时都还没叫后世名满天下的名字。比赛在1881年11月12日进行,圣马克队客场0比3失利。不过在第二回合的较量里,球队2比1成功"复仇"。

当时,很多圣马克队的球员都在为另一支球队——贝尔维流浪者队效力,其中就包括圣马克队的队长沃尔特·丘和门将爱德华·基钦。在他们二人的提议下,圣马克队与贝尔维流浪者队于1883年完成合并,新球队的名字就叫"西戈顿队"。值得一提的是,这支新球队彻底从教堂和板球队的附属地位中解放出来,成为独立的足球队。

然而,因为双方球员很难彼此融合,两支球队只合并了一个赛季就分裂了。1884年10月,以基钦为首的前圣马克队部分球员重新组织起来,重建后的球队被命名为"西戈顿竞技队"。

01 难以勾勒的初创史

1884—1885赛季，西戈顿竞技队加入曼彻斯特足球总会，历史上第一次参加了曼彻斯特高级杯。值得一提的是，这项赛事直到如今仍在举办，由大曼彻斯特地区各支球队的预备队参赛。

在曼城队的早期历史中，1887年是极具历史意义的一年。首先，创立之后，西戈顿竞技队多次更换主场，是时候拥有一个真正的家了。几经寻找后，队长肯尼斯·麦肯茨相中了距离曼彻斯特市中心很近的阿尔德维克区的一块空地。这块空地靠近海德路公寓，距离铁路高架桥很近，是当地小青年搞"非法活动"的聚集地。西戈顿竞技队租下这块空地，在那里建起了海德路球场。

其次，球队又一次改名字了，将"西戈顿竞技队"改为"阿尔德维克队"。这次改名无可厚非，因为球队的主场搬到了阿尔德维克区。

最后，新的阿尔德维克队开始给球员发薪水，每名球员可以获得5先令（0.25英镑）的周薪，这标志着这支业余球队正式变为职业球队。

第一章 曼城队的诞生

经过一番大变革,阿尔德维克队早已不是昔日模样,球队甚至还吸引了不少曼彻斯特当地富商慷慨解囊。资助力度最大的是约翰·阿里森,在他的资助下,主帅劳伦斯·福尔尼斯得以前往苏格兰搜罗更高水平的球员,球队的实力得到迅速提升。1891年,阿尔德维克队在曼彻斯特高级杯决赛中1比0击败牛顿希斯队夺冠,一年后阿尔德维克队加入刚成立的英格兰足球乙级联赛(简称"英乙"),首次征战足球联赛。

02

"蓝月"初升

1894年初，阿尔德维克队突然陷入财务危机，部分季票拥有者决定组建一支新的球队，并把新球队命名为"曼彻斯特城队"，即我们现在所熟悉的曼城队。

第一章 曼城队的诞生

1892—1893赛季，阿尔德维克队首次出战英乙，第一场比赛的对手是布特尔队。一切都是第一次：休·莫里斯打入球队在联赛里的首球，乔·戴维斯上演球队在联赛里的首个帽子戏法，新任队长大卫·鲁塞尔罚入了球队在联赛里的首个点球。阿尔德维克队7比0大胜对手，凭借这场胜利，球队暂居英乙积分榜的榜首。

前六轮比赛结束后，阿尔德维克队保持不败，此后一直待在积分榜榜首的位置。然而从1893年开始，阿尔德维克队的战绩遭遇大滑坡，球队在剩余比赛中只赢了两场，其中一场是在1893年2月以3比1击败克鲁队，沃尔特·鲍曼上演首秀。

02 "蓝月"初升

沃尔特·鲍曼出生于加拿大，1888年以加拿大国脚的身份来到英国，成为英格兰联赛历史上第一位海外国脚。直到1900年，沃尔特·鲍曼才离开球队，有说法称他回了祖国，也有说法是他去了美国，总之从此杳无音信。最终，阿尔德维克队以9胜3平10负的成绩排名英乙第五，而按规定，只有前三名才有资格参加升级附加赛，争取升入英甲的机会。

1893年，一直在球队工作的约书亚·帕尔比取代劳伦斯·福尔尼斯，成为阿尔德维克队历史上第一位领工资的主帅，周薪为40先令（2英镑）。在他的带领下，阿尔德维克队获得1893—1894赛季英乙的第13名。这个赛季还有一件事不得不提：1894年1月，球队主力门将威廉·道格拉斯转会至牛顿希斯队，此乃这两家同城球队第一次直接进行球员转会交易！

1894年初，阿尔德维克队突然陷入财务危机，部分季票拥有者决定组建一支新的球队，并把新球队命名为"曼彻斯特城队"，即我们现在所熟悉的曼城队。谁最先提出的这个新名字，如今已找不到答案，但据说约书亚·帕尔比在新球队的组建过程中起了巨大作用。

同年4月，新的曼城队申请加入兰开夏郡足球总会，足球总会开出条件：球队必须拥有自己的主场。曼城队想使用阿尔德维克队的海德路球场，约翰·阿里森一开始是拒绝的，不过最终双方达成协议，曼城队获得使用海德路球场的资格。

不过，原来的阿尔德维克队已被分裂成两部分，这并不是约书亚·帕尔比希望看到的，在他的劝说下，约翰·阿里森同意两支球队合并，阿尔德维克队成为历史。1894年4月16日，曼城队正式注册。

进入新时代的第一场比赛，1894—1895赛季英乙首轮，曼城队客场2比4输给伯里队，曼城队11名出场球员里只有一名是此前阿尔德维克队的球员。该赛季曼城队仅仅获得第9名，最大收获是比利·梅雷迪斯的加盟。

第一章 曼城队的诞生

比利·梅雷迪斯绰号为"威尔士魔术师",他脚下技术极其出色,擅长突破过人。20岁时,梅雷迪斯就被约书亚·帕尔比从诺斯维奇维多利亚队挖到曼城队,他当时还是业余球员,周中要去当矿工。直到1896年,他才在球队的强烈要求下转为职业球员。

1895年5月,约书亚·帕尔比卸任,萨姆·奥梅罗德成为曼城队的新任主帅。萨姆·奥梅罗德当过球员,也当过裁判,执教曼城队后率队夺得1895—1896赛季英乙亚军,获得参加升级附加赛的资格。可惜的是,4场附加赛,"蓝月"只赢了1场,无缘升级。不过三年后,凭借比利·梅雷迪斯打入的30球,曼城队终于勇夺1898—1899赛季英乙冠军,历史上第一次升入顶级联赛。

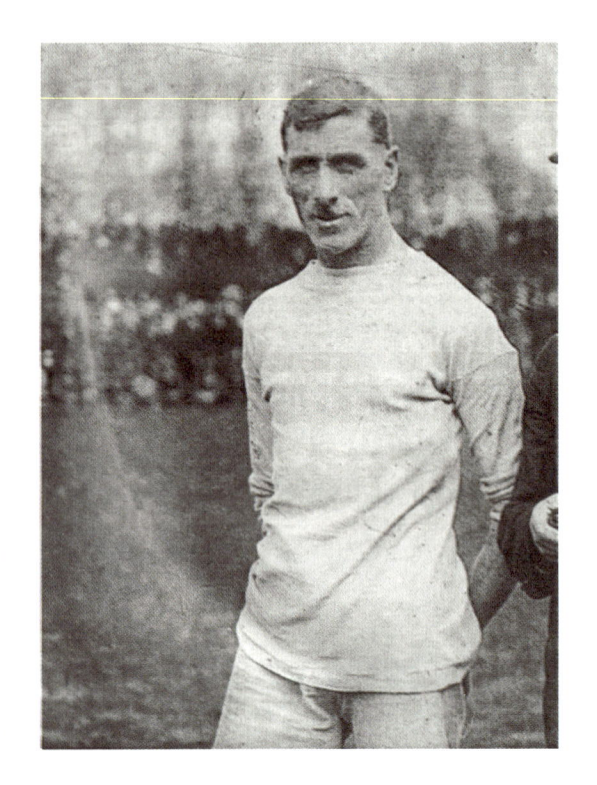

虽然三个赛季之后曼城队就不幸降级,但"蓝月"只花了一年时间就在新任主帅汤姆·马利的带领下重返英甲。汤姆·马利踢球时一直是业余球员,主要工作是教师,后来当过公务员。1898年,他的兄弟、苏格兰球员威廉·马利成为凯尔特人队主帅,他也当上球队的董事。曼城队降级后,萨姆·奥梅罗德被解雇,约翰·阿里森前往凯尔特人队会晤老友威廉·马利,威廉·马利"举贤不避亲",向他推荐了自己的兄弟,于是约翰·阿里森邀请汤姆·马利担任曼城队主帅。

02 "蓝月"初升

执教曼城队的首个赛季，汤姆·马利就将球队带回英甲，不过在那之前，两名球员却意外去世，没能与球队共同征战：第一位是吉米·罗斯，他在1902年6月因传染性皮肤病离开人世；第二位是威尔士球员迪·琼斯，他在一场比赛中膝盖被玻璃扎破，住院后因败血症于同年8月27日去世。悲痛之余，汤姆·马利继续扩充阵容，最重要的新人是桑迪·特恩布尔。

1903年夏天，汤姆·马利的引援力度更大，中场萨姆·阿什沃斯、左后卫赫伯特·布尔格斯、内锋乔治·利文斯通加盟。再加上比利·梅雷迪斯、桑迪·特恩布尔，以及1897年就加盟球队的中锋比利·吉莱斯皮，"蓝月"的实力空前强大。

1903—1904赛季，曼城队以四连胜开启英甲征程，虽然此后4场比赛只赢了1场，但"蓝月"始终处于争冠行列当中。圣诞节后，曼城队遭遇两连败，不过紧

第一章 曼城队的诞生

接着又是一次8轮不败。

然而在1904年3月26日,"蓝月"在客场以0比1不敌争冠的主要对手谢菲尔德星期三队,此后又输给纽卡斯尔联队。在4比0战胜伯明翰队之后,曼城队在只剩一轮比赛未踢的情况下领先谢菲尔德星期三队1分,但后者还有两轮。遗憾的是,曼城队末轮在客场被埃弗顿队0比1击败,最终以3分之差屈居英甲亚军。

虽然无缘顶级联赛冠军,但曼城队在另一项赛事中品尝到了胜利的滋味,那就是英格兰足总杯(简称"足总杯")。从第一轮开始,"蓝月"先后淘汰桑德兰队、阿森纳队和米德尔斯堡队,半决赛又凭借比利·吉莱斯皮的进球和桑迪·特恩布尔的梅开二度,3比0大胜谢菲尔德星期三队,历史性地闯入决赛!

在决赛中,曼城队对阵博尔顿队,比利·梅雷迪斯第23分钟取得全场比赛的唯一进球,帮助"蓝月"1比0力克对手,夺得球队历史上的第一个重要赛事的冠军,而这也是曼彻斯特这座城市所收获的第一个足球赛事冠军!

03

入驻缅因路

如同他将曼联队带到老特拉福德球场一样,曼格纳尔为曼城队做出的贡献,也包括把球队从海德路球场带到了缅因路球场。

第一章 曼城队的诞生

经历了一个神奇的赛季之后,曼城队在1904—1905赛季继续稳定发挥,最终拿到联赛季军。但是该赛季的最后一轮比赛,阿斯顿维拉队的队长雷阿历克斯·雷克指控比利·梅雷迪斯贿赂他10英镑,让他输掉比赛,由此引发轩然大波。

比利·梅雷迪斯对此矢口否认,但英格兰足球总会(简称"英足总")宣布对包括他在内的多名曼城队球员处以总计900英镑的罚款,并且禁赛一年。曼城队拒绝为比利·梅雷迪斯提供资金援助,于是他向英足总揭发球队私下里违背"限薪令",结果导致曼城队被罚款250英镑,汤姆·马利被终身禁止从事足球运动。比利·梅雷迪斯因此与曼城队彻底闹翻,最终加盟同城对手曼联队。

1906—1907赛季,遭受重创的曼城队只获得第17名,惊险保级。不过两个赛季之后,"蓝月"还是以第19名的身份降入英乙。虽然一年后夺冠回归,但在此后的漫长岁月里,曼城队一直在积分榜中游徘徊,最高排名是1920—1921赛季的英甲亚军,而带领"蓝月"夺得亚军的主帅,正是曼联队的功勋主帅厄内斯特·曼格纳尔。

曼格纳尔在1912年离开曼联队之后,就开始执教曼城队,直到1924年才卸任。虽然时间看起来很长,但中间经历了第一次世界大战,所以他的实际执教时间其实只有八个赛季。如同他将曼联队带到老特拉福德球场一样,曼格纳尔为曼城队做出的贡献,也包括把球队从海德路球场带到了缅因路球场。

03 入驻缅因路

随着时代的发展，海德路球场已经不适用于20世纪20年代的足球比赛了，曼城队需要一个新的主场。据说，球队最开始的想法是和曼联队共用老特拉福德球场，但被曼联队开出的租借价格吓退，于是决定兴建一座全新的球场。

1922年，曼城队宣布在市中心以南的莫斯塞德地区修建缅因路球场，曼格纳尔对这个计划给予大力支持。曼城队花费5500英镑买下这片16.25英亩（1英亩≈4046.86平方米）的前砖瓦厂用地，整个建造过程耗时300天，投入资金高达10万英镑。1923年8月25日，全新的缅因路球场亮相，5万多名曼城队球迷在现场观看了新主场的揭幕战，"蓝月"也没有让拥趸失望，2比1战胜谢菲尔德联队，取得缅因路球场时代的首胜。

1923—1924赛季，曼城队仅获英甲第11名，不过闯入了足总杯半决赛。赛

第一章 曼城队的诞生

季结束后,曼格纳尔离开曼城队,正式退休,大卫·阿什沃斯成为他的继任者。1921—1922赛季,大卫·阿什沃斯曾经率领利物浦队夺得英甲冠军,但他执教曼城队的成绩并不能令人满意,球队在1924—1925赛季仅排名联赛第10。

1925—1926赛季,曼城队开局表现不佳,10月底开始更是接连遭遇惨败:3比8惨败于谢菲尔德联队、1比3不敌西汉姆联队、2比4再负谢菲尔德联队、2比5负于阿森纳队、1比5被博尔顿队击败,大卫·阿什沃斯不得不在11月16日辞职。球队并没有马上选择新帅,而是任命副主席阿尔伯特·亚历山大和委员会联合执教,委员会成员包括前任主帅劳伦斯·福尔尼斯和球队秘书威尔夫·维尔德。

由于此前的战绩太过惨淡,曼城队虽然最后5轮比赛只输了1场,但还是以12胜11平19负的成绩排名第21,自1908—1909赛季以来首次降级!唯一让曼城队球迷感到开心的事情,就是"蓝月"客场6比1大胜同城对手曼联队。

03 入驻缅因路

在足总杯赛场，曼城队连战连捷一举杀入决赛，并且在决赛中再次遭遇博尔顿队。这一次，博尔顿队以相同的1比0的比分成功报了1904年决赛失利之仇，曼城队只能屈居亚军。

1926年4月足总杯决赛失利后，委员会结束"执教"这一历史使命，曼城队任命皮特·霍吉担任新主帅。皮特·霍吉是苏格兰人，此前最成功的执教经历是带领莱斯特城队夺得英乙冠军，所以球迷希望他在曼城队能重演这一幕。果然，皮特·霍吉不负众望，虽然他在1926—1927赛季未能立刻带领球队升级，但一个赛季之后，曼城队就夺得英乙冠军，重返顶级联赛。

这一时期，曼城队的明星球员是弗兰克·罗伯茨和汤米·约翰逊。弗兰克·罗伯茨踢内锋，在1922年以3400英镑的巨额转会费从博尔顿队加盟，在曼城队效力六个赛季，222场联赛比赛打入124球；汤米·约翰逊司职中锋，早在19岁时就来到曼城队，一直征战到1930年才转投埃弗顿队。1927—1928赛季，两人各打入20球，帮助球队顺利升级。

重返英甲的首个赛季，曼城队获得第8名，次赛季更是获得季军，这是自1920—1921赛季以来"蓝月"在顶级联赛的最佳排名。不过1931—1932赛季结束后，"蓝月"只排在第14名，皮特·霍吉离任并重返莱斯特城队执教。值得一提的是，在曼城队的执教生涯里，他曾签下一名球员作为训练生，这名球员的名字叫作马特·巴斯比。

> # 04
从夺冠到降级

曼城队成为英格兰足球历史上，截至2023—2024赛季结束，唯一降级的上赛季顶级联赛冠军球队！

04 从夺冠到降级

皮特·霍吉的接班人,就是威尔夫·维尔德。威尔夫·维尔德在1920年加盟曼城队,司职曼格纳尔的助理教练。曼格纳尔离开后,他转任球队秘书。皮特·霍吉卸任后,威尔夫·维尔德被任命为球队的新主帅。

1932—1933赛季,曼城队虽然联赛排名不佳,只获得第16名,但闯入了足总杯决赛,可惜的是被埃弗顿队3比0击败——在这场决赛里,马特·巴斯比已是曼城队的主力中场。

第一章 曼城队的诞生

1933—1934赛季，重整旗鼓的曼城队夺得英甲第5名，并再次晋级足总杯决赛，这次"蓝月"面对的是朴次茅斯队。朴次茅斯队先入一球，但曼城队中锋弗雷德·泰尔森梅开二度完成逆转，帮助球队2比1战胜对手，历史上第二次夺得足总杯冠军！

弗雷德·泰尔森在1928年就加盟了曼城队，他与右边锋埃里克·布鲁克是好搭档。两人在巴恩斯利队就是队友，同年转会到"蓝月"，又同于1939年离开！代表曼城队捧起冠军奖杯的是队长萨姆·科万，他司职中前卫，是球队的攻守转换枢纽，早在1924年就加盟球队，效力11个赛季后才离开，是唯一代表"蓝月"在足总杯决赛出场三次的球员。

1934—1935赛季，曼城队排名联赛第4。1935—1936赛季，球队阵容发生了不小的变化：萨姆·科万在10月离队，转会至布拉德福德队，马特·巴斯比转会至利物浦队；威尔夫·维尔德斥资1万英镑引进内锋皮特·多赫蒂，这个身价已经相当高，因为当时的转会费纪录不过才10 890英镑，但后来的事实证明，这笔转会费曼城队花得超值。

1935—1936赛季，曼城队下滑至积分榜第9名，足总杯止步第5轮，哪怕是主帅威尔夫·维尔德，也不敢预想下个赛季球队会取得怎样的成绩。而1936—1937赛季，"蓝月"起步确实不太顺利，首轮0比2输给米德尔斯堡队，直到12月时还徘徊在积分榜下半区。

然而从节礼日2比1战胜米德尔斯堡队开始，曼城队经历了一个不可思议的下半赛程，在此期间"蓝月"竟然连续22轮联赛保持不败。特别是在足总杯半决赛负于米尔沃尔队出局之后，曼城队将全部精力放在争夺联赛冠军上，最后12轮比赛取得9胜3平的惊人战绩。

皮特·多赫蒂成为曼城队不可战胜的最大功臣，他打入32球，这是自球队创立以来单赛季第三高的个人进球数。最终，曼城队以22胜13平7负、积57分的成

04 从夺冠到降级

绩，以3分优势力压查尔顿队，历史上第一次获得英甲冠军！42轮联赛，"蓝月"轰入107球，比第二名查尔顿队多进49球！

然而在1937—1938赛季，不可思议的事件发生了：身为上赛季英甲冠军的曼城队开局的前5轮比赛就输了3场，全部42轮联赛有多达20场败仗，最终以第21名的身份降级！

其实曼城队攻击力依然强大，42战攻入80球，是英甲球队里最多的，甚至比冠军阿森纳队还多进3球；皮特·多赫蒂也依旧进球如麻，贡献26球。但是，防守上的缺陷严重拖了曼城队的后腿，球队42战丢77球，是英甲第二多，其中不乏被米德尔斯堡队6比1击败这样的"惨案"。曼城队成为英格兰足球历史上，截至2023—2024赛季结束，唯一降级的上赛季顶级联赛冠军球队！

05

艰难岁月

曼城队的拥趸本以为在威尔夫·维尔德的带领下,球队将很快重返顶级联赛,孰料在1938—1939赛季,"蓝月"只获得英乙第五名。

05 艰难岁月

曼城队的拥趸本以为在威尔夫·维尔德的带领下,球队将很快重返顶级联赛,孰料在1938—1939赛季,"蓝月"只获得英乙第五名。1939—1940赛季,曼城队刚踢了三场比赛,取得1胜1平1负的成绩,就遭遇第二次世界大战的全面爆发,升级似乎遥遥无期。二战期间,"蓝月"参加了战时杯,最好成绩是杀入半决赛。

1946年11月,威尔夫·维尔德不再担任主帅,重回行政岗位,他的帅位由功勋队长萨姆·科万接任。不过当时的萨姆·科万在布莱顿还有生意,所以与球队

第一章 曼城队的诞生

商定,一周里一半时间带队履行主帅之职,一半时间处理自己的业务。

在萨姆·科万的率领下,曼城队在新赛季开局取得19场不败,最终以26胜10平6负的成绩获得英乙冠军,重返英甲。虽然执教首个赛季就带队升级,但萨姆·科万还是于1947年6月辞职,原因是他在生意上投入太多时间,与球队高层的关系变得紧张,所以在完成历史使命后索性告退。

此时,威尔夫·维尔德再次被推到前台,但他只执教了3个月就让位于乔克·汤姆森。苏格兰人乔克·汤姆森曾效力于埃弗顿队,短暂当过队长。他执教曼城队的前两个赛季,球队排名一直保持在中游,一次第10、一次第7。

而到了1949—1950赛季,"蓝月"的战绩则出现大滑坡,球队在42轮联赛中只赢了可怜的8场,排名英甲第21,不幸降级。当然,乔克·汤姆森也逃脱不了下课的命运,离开曼城队后,他回到苏格兰开了一家酒吧,从此再未参与足球事务,直到1979年去世。

乔克·汤姆森虽然未能率领曼城队取得佳绩,但也有功绩:他力排众议,引进德国门将伯特·特劳特曼。时值1949年,距离二战结束不过四年,伯特·特劳特曼的德国人身份非常敏感,更何况他还被迫参加过二战,加入纳粹德国的军队担任伞兵,在东线战场获得过铁十字勋章,转战西线后被英军俘获,送到兰开夏郡的战俘营。当时的战俘营里也流行踢足球,他一开始踢中前卫,后来因为受伤就与门将换了位置,担任起门将,结果一发不可收。

后来伯特·特劳特曼承认,在二战之前他视英国人和犹太人为敌人,但经历了战争和在战俘营的岁月后,他的想法有了巨大改变。所以在二战结束、战俘营关闭之后,伯特·特劳特曼拒绝被遣送回国,选择继续留在英国,先后在农场和炸弹处理小组工作,甚至把名字由德语的"Bernhard"改成英语的"Bert"。1948年8月,他开始为非职业球队效力,位置当然就是门将了。由于在非职业联赛的出色表现,他赢得不少职业联赛球队的垂青,而第一个联系他的就是曼城队。

05 艰难岁月

  1949年10月,伯特·特劳特曼正式加盟曼城队,这在当时引起球迷的巨大不满,季票拥有者甚至威胁要联合起来抵制球队:"如果曼城队签下伯特·特劳特曼,签下这个纳粹分子,我们就不会去球场。"许多英格兰其他球队的球迷也向曼城队发来抗议信,不过曼城队队长埃里克·维斯特伍德的发言代表了球队的官方立场:"更衣室里没有战争!"

  至于新帅,曼城队请来了莱斯·麦克多瓦尔。麦克多瓦尔出生于英属印度,但很小的时候就被一位苏格兰人收养。他从桑德兰队开始职业生涯,1937—1949年间一直效力于曼城队,之后转会雷克瑟姆队,在那里结束球员生涯、开启执教生涯。执教雷克瑟姆队仅一个赛季,麦克多瓦尔就重回曼城队。

  1950—1951赛季,曼城队在麦克多瓦尔的带领下获得英乙亚军,以最快速度重返顶级联赛。1951年10月,麦克多瓦尔力主球队花费2.5万英镑从赫尔城队引进英格兰中锋——后来成为一代名帅的唐·里维。

第一章 曼城队的诞生

1953年，英格兰队在温布利球场以3比6不敌拥有"黄金一代"的匈牙利队，匈牙利队的南多尔·希代古提从中锋位置上后撤，这一让英格兰队中卫无所适从的做法震惊了整个英国足坛。唐·里维对其加以借鉴，变身成曼城队的"希代古提"，而麦克多瓦尔也以唐·里维为战术核心，效仿匈牙利队的战术，于是一个专有名词——"里维计划"诞生了。

经历战术革新的曼城队异军突起，在1954—1955赛季获得英甲第7名，闯入足总杯决赛。次赛季，曼城队成绩再度攀升，最终排名第4，这是曼城队自1936—1937赛季夺冠以来的最佳排名。

更重要的是，曼城队再次杀入足总杯决赛，对手是伯明翰队。这场决赛成就了伯特·特劳特曼：第75分钟，他试图破坏对方的传中球，却与对方前锋彼得·墨菲相撞，导致自己颈部骨折。当时还没有换人规则，伯特·特劳特曼硬是

05 艰难岁月

依靠惊人的意志坚持到比赛结束,并做出两次关键扑救,彻底征服了曼城队球迷的心。

凭借乔·海耶斯、杰克·戴森、博比·约翰斯通的进球,曼城队以3比1取胜,历史上第三次夺得足总杯冠军!

乔·海耶斯是曼城队历史上最伟大的前锋之一,他从1953年开始就效力于曼城队,到1965年转会巴恩斯利队时,共为"蓝月"出场364次、打入152球。杰克·戴森也是位传奇球员,他在曼城队效力期间就开始打板球,1954年完成板球生涯首秀,在夺得足总杯冠军的同年,他还拿下了板球的兰开夏杯冠军!离开曼城队后,杰克·戴森便正式成为一名板球球员。

可惜的是,足总杯的冠军荣耀并未改善曼城队在联赛里的表现,"里维计划"的魔力消失了,"蓝月"时常在降级区徘徊,直到1962—1963赛季以第21名的成绩降入英乙。尽管因带队降级而下课,但麦克多瓦尔已经是曼城队历史上执教时间最长的主帅,后来他在奥尔德汉姆队执教了两个赛季,于1965年退休。1991年8月,麦克多瓦尔与世长辞,享年78岁。

麦克多瓦尔的继任者是他的助理教练乔治·鲍塞尔。在乔治·鲍塞尔的带领下,曼城队杀入1963—1964赛季的英格兰联赛杯(简称"联赛杯")半决赛,但联赛的排名仅为第6,次赛季更是降至第11,距离升级越来越远。球迷对曼城队的表现失望至极,1965年1月主场对阵斯温登队的比赛,只有8000名拥趸现场观战。乔治·鲍塞尔当时也没在现场指挥,他干什么去了?他去考察其他球队的球员了,真是没有当主帅的觉悟。

第二章
"蓝月"当空

在夺冠后的庆祝游行中,阿里森跳上车顶尽情起舞,默瑟则在车里开心地唱着歌。

01

"绝代双骄"

默瑟与阿里森,是一对性格迥异但相得益彰的执教搭档:前者内向,但易相处,富有幽默感;后者性格张扬,爱发狂言,喜出风头。

01 "绝代双骄"

毫无悬念，乔治·鲍塞尔下课了。谁将成为他的继任者呢？以主席阿尔伯特·亚历山大为首的球队高层犯了难，因为麦克多瓦尔执教时间太长，紧接着又是他的助理教练直接接班，也就是说，自1950年麦克多瓦尔上任之后，曼城队就再也没有挑选主教练的经历了！经过讨论，最终阿尔伯特·亚历山大决定聘请乔·默瑟为球队新帅。

乔·默瑟是何许人也？得从他的父亲老默瑟说起。老默瑟是一位出色的球员，21岁时签约诺丁汉森林队，司职中前卫。不久之后一战爆发，他参军入伍，

第二章 "蓝月"当空

在战斗中肩部负伤被俘，在德国的监狱中待了18个月！

在父亲的熏陶下，乔·默瑟5岁时就对足球产生兴趣，但他有点瞧不起父亲的球技："我不认为他是多厉害的球员，都不会过人！"老默瑟对儿子的评价不以为意，反而叮嘱儿子一定要勤加练习左脚技术，以便成为一名左右脚技术都很娴熟的球员。

不过在乔·默瑟12岁的时候，父亲因病去世，作为长子的他不得不承担起家庭重任，因为他还有两个年纪很小的弟弟和一个妹妹要照顾。

当然，他的足球生涯还要继续。从校队开始，默瑟就遇到了一生的伙伴——后来同样成为传奇教练的斯坦·库利斯。据说当年两人在校队里都是主力球员，默瑟踢中锋，库利斯踢内锋，有场比赛库利斯进球了，默瑟抱怨道："（你）不应该这么做，中锋可是我，我才应该去进球！"当然，这是开玩笑的，可见两人关系之亲近。

的确，默瑟就是一个性情温和、喜欢开玩笑的人，甚至拿自己取乐。他有一个天生的"缺陷"——两条腿又瘦又长，但就是不够直。身高1.75米的默瑟如此调侃自己："我父亲1.87米，如果我的腿直的话，就和他一样高了！"他的家人还爆料过一件趣事：有一次默瑟站在出租车旁边，站得笔直，然后一只小狗从他的两腿之间轻松穿了过去……

默瑟从小就是埃弗顿队球迷，18岁时如愿加盟自己心爱的球队。在正式加盟之前，默瑟踢过两场试训比赛，最后一场是代表埃弗顿三线队在缅因路球场对阵曼城队，多奇妙的缘分！

默瑟的正式比赛首秀对阵的是利兹联队，当时他的位置是右前卫，但他只是因为球队轮换阵容才获得了登场机会。直到1935—1936赛季，默瑟才成为埃弗顿队的常规主力，而位置也变成了左前卫！若非父亲让他从小就练习左脚，他恐怕还得继续在替补席上等待机会。

01 "绝代双骄"

效力于埃弗顿队期间，默瑟夺得了1938—1939赛季英甲冠军。二战结束后，他以9000英镑的身价转投阿森纳队。加盟不久，他就成为新东家的队长，率队夺得两个英甲冠军和一个足总杯冠军。不过在1954年10月，默瑟在对阵利物浦队一战中腿部两处骨折，次年他便宣告退役。

退役后，默瑟当过记者，也当过杂货商，最终还是舍不得足球，成为谢菲尔德联队的主帅。不过，他执教生涯的第一个赛季结果相当糟糕——降级！

1958年，默瑟转而执教当时正处于英甲降级区的阿斯顿维拉队。虽然他带领球队杀入足总杯半决赛，但赛季结束时球队还是不幸降入英乙。1959—1960赛季，默瑟率队重返英甲，次赛季问鼎联赛杯，执教名声渐起。然而在1964年，默瑟突然中风，不得不回家休养，阿斯顿维拉队担心他的健康问题会影响到未来，最终决定将他解雇。

后来，默瑟当了一阵子记者和专栏作者，对足球比赛发表评论，随后曼城队的诚意打动了他，于是默瑟成为"蓝月"的新任主帅。而上任之后，默瑟立刻想起自己在英足总训练中心遇到过的一个年轻教练马尔科姆·阿里森。默瑟认为阿里森性格外向、富有激情、十分聪明，于是打电话给他，邀请他当自己的助理教练，阿里森则拒绝了米德尔斯堡队向自己发出的邀请，欣然答应默瑟。

阿里森的绰号叫作"大马尔"，你可以把他视为20世纪60年代的若泽·穆里尼奥。球员时代，阿里森曾效力于查尔顿队和西汉姆联队，司职中后卫。1957年，他因肺结核不得不暂停足球生涯，之后当过一阵子汽车销售员、夜店老板甚至职业赌徒。1963年，阿里森在业余联赛踢了一个赛季之后，就正式结束了球员生涯。

"大马尔"是天生的教练坯子，在他效力于西汉姆联队期间，主帅特德·芬顿就让经验丰富的他给年轻后卫上课，其中一名"学生"，便是日后带领英格兰队夺得世界杯冠军的博比·穆尔。退役后，阿里森在剑桥大学足球队执教过，也

第二章 "蓝月"当空

担任过业余球队巴斯城队的主帅，还远赴加拿大执教多伦多城队，直到1964年才重返英国。

默瑟与阿里森，是一对性格迥异但相得益彰的执教搭档：前者内向，但易相处，富有幽默感；后者性格张扬，爱发狂言，喜出风头。曼城队球员格林·帕多回忆道："默瑟令人尊敬，他很安静，很容易得到球员的支持，那是一种沉静的影响力；阿里森给我的第一印象就是大嗓门。他们俩在一起，让我们组成了一支伟大的球队。"与此同时，哈里·古德温被任命为首席球探，负责发掘年轻新秀。

这对搭档到来时，曼联队刚刚夺得1964—1965赛季英甲冠军，而曼城队仍处于英乙，很多拥趸气愤之下向缅因路球场的训练场里扔石头。于是，阿里森信誓旦旦地表示："曼联队已经成为我仇恨的对象，对我来说，那支球队是我要挑

01 "绝代双骄"

战的对象。"

听到这番话,曼联队传奇主帅、曼城队前球员马特·巴斯比在夺冠庆典上戏谑道:"曼彻斯特是容得下两支顶级联赛球队的!"阿里森闻言,立刻对马特·巴斯比的儿子说道:"你老爹领先20年,但3年内我会超过他!"

02

皓月当空

曼城队能重回巅峰,默瑟和阿里森这对搭档立下头功,他们不仅组建了一支冠军球队,更重要的是在"蓝月"身上打下了攻势足球的烙印。

02 皓月当空

默瑟时代的第一笔签约，是从格拉斯哥流浪者队引进拉尔菲·布兰德，但在曼城队的两个赛季里，他表现平平，注定是个过客。第二笔签约则非常成功，默瑟从斯温登队签下了右边锋麦克·萨默比。

默瑟在二战时期和萨默比的父亲一起踢过球，对萨默比的实力也很认可，便以3.5万英镑的转会费将他签下。而萨默比一来就表忠心："曼城队虽然身处英乙，但仍是一支强大的球队！"萨默比除了是位技术出色、速度飞快的边锋，还是一个扑克好手，不过他的性情非常火暴，队友便给他起了个"信号兵"的绰号。

第二章 "蓝月"当空

1965年8月21日，进入新时代的曼城队迎来第一个联赛对手——米德尔斯堡队。虽然这场揭幕战只取得1比1的平局，但曼城队开局非常顺利，前7轮比赛保持不败，前15轮比赛只输了1场。

在转会市场上，曼城队也在积极运作。阿里森相中了伯里队的年轻中场科林·贝尔，但当时很多英甲球队都在关注这名小将，于是阿里森计上心头：他现场考察科林·贝尔，然后当着其他竞争对手的面批评科林·贝尔的表现，最后撂下一句"整个晚上都被他浪费了"，便转身离开。回到球队，阿里森立刻向默瑟推荐了科林·贝尔，曼城队也马上掏出4.2万英镑的转会费，将科林·贝尔签下。

麦克·萨默比和科林·贝尔的到来增强了曼城队的攻击力。进攻端的另一位重要球员是曼城队青训出身的尼尔·扬。他就出生在曼彻斯特，家距离缅因路球场只有500米，从自家窗户就能看到缅因路球场。球探哈里·古德温发现了尼尔·扬的天赋，向曼城队推荐了他，当时曼联队也希望签下这位天才少年，但他最终还是选择了心爱的曼城队。

1961年，尼尔·扬进入一线队并完成首秀，随队经历了降级的低谷。1965—1966赛季，他因为扁桃体手术错过赛季初段，但回归首战对阵考文垂队就梅开二度，立刻赢得默瑟和阿里森的信任。一开始，尼尔·扬司职左边锋，但后来被改造为左内锋，以17球成为该赛季的队内最佳射手。

在默瑟和阿里森的带领下，曼城队一路高歌猛进，几乎没有遇到什么挑战就夺得英乙冠军，时隔三年重返英甲！还记得阿里森"三年超越曼联队"的豪言壮语吗？至少第一年，曼城队就迈出了重要的一步——终于能与死敌处于同一个级别的联赛了。

02 皓月当空

　　1966年夏天，对于英格兰足球来说是无与伦比的光辉岁月，因为英格兰队历史上首次夺得世界杯冠军。而对于曼城队来说，球队需要证明自己有留在英甲的实力。有麦克·萨默比、科林·贝尔和尼尔·扬在，"蓝月"的进攻就有了保障，所以默瑟与阿里森首先想到的是增强防守。

　　于是阿里森引进了自己的旧将托尼·布克，这已经是两人在第四支球队进行合作了！当时托尼·布克在切尔西队试训，对方主帅告诉他："你不适合顶级联赛，应该去低级别联赛谋生。"但阿里森给予了他充分的信心。倒不是"大马尔"任人唯亲，托尼·布克在曼城队证明了自己确有实力，加盟的第二个赛季他就成为队长，直到1974年退役，他才将队长袖标交给科林·贝尔。

　　1966—1967赛季，曼城队首轮在客场逼平南安普顿队，之后两轮分别战胜利物浦队和桑德兰队，但此后的三连败让"蓝月"见识到顶级联赛的艰险。第八

第二章 "蓝月"当空

轮曼彻斯特德比，"蓝月"被曼联队的名将丹尼斯·劳攻破球门，0比1失利。不过次年1月的第二回合，两队1比1战平，这个比分至少证明了曼城队的进步。其实这个赛季，默瑟的球队时常在降级区附近徘徊，好在最终拿到联赛第15名，保住了顶级联赛的席位。

1967—1968赛季初期，曼城队的表现仍像是上赛季的那支升班马一样，球队开局前三轮只拿到1分，进2球丢6球！阿里森从斯托克港队引进了门将肯·穆尔赫恩，由于主力门将哈里·多德受伤，肯·穆尔赫恩首秀对阵的就是同城对手曼联队。太紧张的他比其他队友早一个半小时就到了训练场，阿里森看到之后二话不说，竟然把他锁进医疗室，直到其他球员都到位才放他出来！

该赛季的曼彻斯特德比第一回合，曼城队1比2失利，但丢了2球的肯·穆尔赫恩却保住了主力位置。随后，默瑟和阿里森又进行了一笔至关重要的引援：以创球队纪录的6万英镑转会费从博尔顿队引进了前锋弗朗西斯·李。

效力于博尔顿队时的弗朗西斯·李还不是职业球员，周中要开货车，周四和周五还有收集废纸的工作，赚的甚至比在英甲踢球还多。1967年9月的一天，他把收集到的废纸送到布莱克本的纸张工厂，下午5点回到家时正好接到了默瑟的电话。默瑟早就动了签下他的心思，问道："你在干什么？"弗朗西斯·李故意撒谎："在打高尔夫，你是哪位？"默瑟也跟着撒谎："我是汤姆·琼斯。"弗朗西斯·李笑道："你的声音听起来不像汤姆·琼斯，倒是像一个叫默瑟的人。"

弗朗西斯·李的到来进一步提升了曼城队的进攻实力。但坏消息也很快传来：阿里森要走了！原来考文垂队想邀请他担任主帅。他一开始也答应了："过去两年我们做得很好，但当一个好的邀请到来时，我必须去接受它，所以希望董事会能和我解约。"闻讯后，默瑟立刻与阿里森进行了私下交流，交流内容无人得知，反正最后阿里森改变主意留下了，这对球队来说是天大的好消息。

一切稳定之后，曼城队便走上胜利的轨道。从第12轮比赛开始，"蓝月"

保持了11轮不败，尤其是12月对阵强敌托特纳姆热刺队（简称"热刺队"）一战，曼城队在1球落后的情况下上演大逆转，最终以4比1取胜，科林·贝尔、麦克·萨默比、托尼·科尔曼、尼尔·扬各入1球，曼城队的进攻火力全开。

圣诞节过后，默瑟的球队一度遭遇两连败，但很快就调整好状态，取得了7场不败（6胜1平）的战绩，5比1击败富勒姆队后，曼城队赛季第一次登上积分榜榜首。

然后就来到1968年3月27日，又一次的曼彻斯特德比，曼城队做客老特拉福德球场挑战曼联队。过去20年里，"蓝月"在这里只赢了2次，而且这一次，开场38秒，乔治·贝斯特就为曼联队破门得分。

令人没有想到的是，曼城队随后开始绝地反击，科林·贝尔、乔治·赫斯洛普和弗朗西斯·李连进3球，"蓝月"3比1逆转取胜！赛后，阿里森骄傲地说道："马特·巴斯比是一个憎恨成为第二的人，这场比赛对他来说是全新的体验。胜利的天平开始向我们这一方倾斜了。"

不过随后的5场比赛，曼城队未能乘胜追击，只取得2胜1平2负的战绩，落后领头羊曼联队4分，好在还有1场补赛在手。接下来3场比赛，"蓝月"连胜谢菲尔德星期三队、埃弗顿队和热刺队，而因欧洲冠军俱乐部杯（欧洲冠军联赛的前身，统一简称"欧冠"）分心的曼联队在之后的2轮取得1负1胜，所以在最后一轮到来之前，两队同积56分，但曼城队在"小分"（进球数除以失球数）方面占优势。

最后一轮，曼城队客场挑战纽卡斯尔联队，两队掀起进球大战，一共打入7球，但进球更多的是"蓝月"：麦克·萨默比和弗朗西斯·李各入一球，尼尔·扬梅开二度，帮助球队以4比3拿下至关重要的胜利。当主裁判吹响全场比赛的结束哨时，曼城队球迷高喊"冠军、冠军"，冲入球场与他们心目中的英雄热情相拥。

第二章 "蓝月"当空

由于分心备战欧冠半决赛第二回合,曼联队在联赛最后一轮主场1比2负于桑德兰队,而曼城队42轮比赛获得58分,以2分优势力压同城对手,夺得球队历史上的第二个顶级联赛冠军!在夺冠后的庆祝游行中,阿里森跳上车顶尽情起舞,默瑟则在车里开心地唱着歌。

夺冠后不久,曼城队安排了几场友谊赛,阿里森甚至在其中一场比赛里替补登场,还穿上了他最喜欢的8号球衣,而当时曼城队自己的8号球员科林·贝尔还在场上,于是出现了两个相同号码的球员同时为一支球队比赛的奇观。球迷怂恿默瑟也上场参赛,但默瑟笑着摇了摇头。

曼城队能重回巅峰,默瑟和阿里森这对搭档立下头功,他们不仅组建了一支冠军球队,更重要的是在"蓝月"身上打下了攻势足球的烙印。科林·贝尔后来回忆道:"阿里森经常说,只要能赢球,他不在乎我们丢了多少球。如果我们4比3取胜,他会对3个丢球绝口不提,只谈论那4个进球!"

03

从升起到坠落

默瑟和阿里森先后离开,曼城队的黄金时代就此终结,1976年的联赛杯冠军成为最后的余音。

第二章 "蓝月"当空

夺得英甲冠军，意味着曼城队获得参加1968—1969赛季欧冠的资格，而曼联队刚刚夺得球队历史上第一个欧冠冠军，"蓝月"当然想立刻缩小与死敌之间的差距。阿里森对此信心十足，放出狂言："我们如果每周都跟欧洲其他球队踢比赛，将以80分轻松夺冠！"他甚至狂傲地说道："我认为我们将是第一支在火星上踢球的球队。"

然而现实狠狠给了阿里森一巴掌，曼城队在欧冠第一轮就被土耳其的费内巴切队淘汰，在联赛里也只取得第13名。唯一的好消息是球队夺得了第4个足总杯

03 从升起到坠落

冠军：尼尔·扬在决赛中攻入制胜球，帮助球队1比0击败莱斯特城队。

1969—1970赛季，曼城队在联赛中仅仅位列第10，足总杯也止步第4轮，但是夺得了联赛杯和欧洲优胜者杯的冠军，成为历史上第二支同一个赛季赢得欧洲杯赛冠军和国内杯赛冠军的英格兰球队，而这个欧洲优胜者杯冠军，也是曼城队在2023年之前唯一的欧洲赛事冠军。

1970—1971赛季，曼城队内部发生权力之争，一方是球队主席阿尔伯特·亚历山大，另一方是想要挑战阿尔伯特·亚历山大主席之位的皮特·斯瓦勒斯。默瑟站在前者这一边，阿里森则靠向后者，因为皮特·斯瓦勒斯支持他担任曼城队主帅，这对好搭档也因此闹翻了。

最终，皮特·斯瓦勒斯取得成功，默瑟发现自己在球队的停车位和办公室都被收回，一气之下于1971年10月离开曼城队。紧接着，阿里森正式继位，成为"蓝月"新帅。

第二章 "蓝月"当空

后来,默瑟在考文垂队执教了两个赛季,还担任过英格兰队的临时主帅。之后,他一直在考文垂队总监的位置上待到1981年才正式退休。晚年,默瑟患上阿尔茨海默病,于1990年8月9日去世,享年76岁。

回过头来再说阿里森,他独立执教曼城队,却并未取得理想的成绩,75场比赛只取得31胜,只能于1973年3月辞职。此后,阿里森执教过水晶宫队和普利茅斯队,中间还曾前往土耳其任职。1979年7月,他重返曼城队。

结果这一次,他的执教时间更短,1980年10月他便因战绩糟糕而下课。1981—1982赛季,阿里森前往葡萄牙执教,率领葡萄牙体育队成为联赛、杯赛和超级杯的"三冠王"。但很快他便回到祖国,在米德尔斯堡队担任主帅,后来又辗转葡萄牙等多地,可惜再未取得佳绩。

1993年3月从布里斯托尔流浪者队下课后,阿里森正式宣布退休。2001年,他饱受酗酒带来的困扰,8年后又患上阿尔茨海默病。2010年10月14日,马尔科姆·阿里森去世,享年83岁。

默瑟和阿里森先后离开,曼城队的黄金时代就此终结,1976年的联赛杯冠军成为最后的余音。

03 从升起到坠落

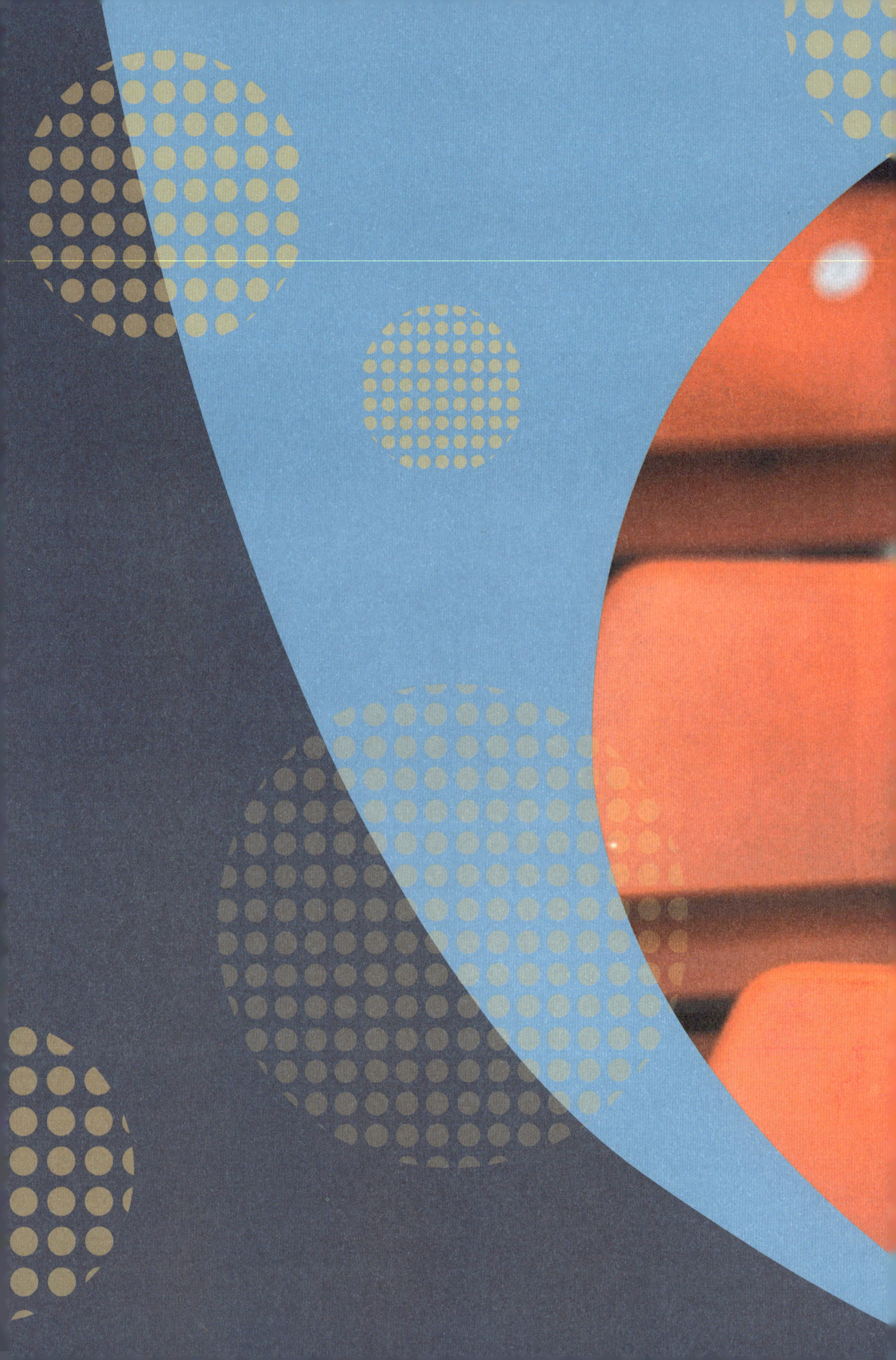

第三章
暗夜蛰伏

新时代,曼城队的面貌能否跟着焕然一新呢?

01

回光返照

在杯赛方面,约翰·邦德更是给"蓝月"拥趸带来惊喜。

01 回光返照

阿里森第二次离开曼城队后，接替他的是约翰·邦德，这位在球员时代长期效力于西汉姆联队的主教练一举引进了汤米·哈钦森、格里·高等多名新援，曼城队的战绩也止跌回升，保持在积分榜中游位置。

在杯赛方面，约翰·邦德更是给"蓝月"拥趸带来惊喜。1981年2月，他率领球队进入联赛杯半决赛，可惜遇到了实力强大的利物浦队。曼城队首回合在缅因路球场0比1小负，次回合在安菲尔德球场1比1逼平对手，但最终还是以1比2的总比分被淘汰，无缘决赛。

不过在足总杯的赛场上，曼城队在半决赛战胜伊普斯维奇队，和热刺队会师决赛。在伦敦的温布利球场，汤米·哈钦森成为绝对的主角：他为"蓝月"头球破门得分，却又为对手送上乌龙球大礼，帮助对手扳平比分。

第三章 暗夜垫伏

按照当时的规则，双方如果在常规时间90分钟内无法分出胜负，那么没有加时赛也没有点球大战，而是择日重赛。5天后的重赛依然在温布利球场举行，虽然曼城队先丢一球，但史蒂夫·麦克金泽和凯文·李维斯各入一球，曼城队将比分反超！

然而第70分钟和第76分钟，"蓝月"后防线两次"崩盘"，被热刺队连下两城，曼城队最终2比3遗憾告负，未能用一座冠军奖杯来结束这个动荡的赛季。

约翰·邦德的执教表现让曼城队看到了希望，他也趁机向球队主席皮特·斯瓦勒斯提出要求，引进英格兰队前锋特雷弗·弗朗西斯。

特雷弗·弗朗西斯是诺丁汉森林队实现欧冠两连冠的功臣，所以诺丁汉森林队索要120万英镑的转会费。皮特·斯瓦勒斯表示曼城队支付不起如此高昂的转会费，但约翰·邦德不愿放弃，甚至给球队主席下了最后通牒："不签特雷弗·弗朗西斯，我就辞职！"曼城队主席只能同意。

01 回光返照

1981—1982赛季，特雷弗·弗朗西斯首秀就梅开二度，尽管随后他频繁遭遇伤病侵袭，但各项赛事29场14球的进球效率还是不错的，也荣膺队内最佳射手。不过，皮特·斯瓦勒斯还是嫌他受伤频繁、浪费钱，仅仅一个赛季之后就将他转到意大利，转会费70万英镑。

这个赛季，曼城队开局成绩相当不错，一度位于积分榜前列，但到了下半程状态就一落千丈，发挥变得糟糕起来，最终排在第10名，位于积分榜中游，不上不下。

1982—1983赛季，曼城队重蹈覆辙，开局三连胜再次吊起球迷的胃口，但紧接着的4轮比赛只有1胜。进入12月之后，"蓝月"再次陷入"魔咒"，在节礼日第二天2比5惨败于利物浦队，信心和士气都遭到沉重打击！

眼看无计可施，皮特·斯瓦勒斯只能在1983年2月宣布约翰·邦德下课，助理教练约翰·本森接手球队。然而，他的执教水平更差劲，曼城队竟然连续9轮不

第三章 暗夜蛰伏

胜（2平7负）。

最后一轮，"蓝月"在缅因路球场对阵保级对手卢顿队，只要战平就能留在英甲。可惜的是，卢顿队在第86分钟取得全场比赛的唯一进球，曼城队最终以1分之差排名倒数第三，时隔17年再次降级！

02

沦为"升降机"

降级之后，曼城队就开始在英甲和英乙之间颠沛流离。

第三章 暗夜蛰伏

降级之后，曼城队就开始在英甲和英乙之间颠沛流离。

1983—1984赛季，凯尔特人队名宿比利·麦克尼尔成为曼城队的新任主帅，结果率队获得英乙第四，距离获得升级资格的前三名只有一步之遥。而1984—1985赛季，曼城队一鼓作气，终于杀入英乙前三，并在最后一轮5比1大胜查尔顿队，时隔两年重返顶级联赛。

接下来的1985—1986赛季，曼城队陷入惨烈的保级大战当中，最终仅仅领先降级区4分，以第15名的身份惊险保级成功。然而到了1986年9月，比利·麦克尼尔在阿斯顿维拉队的邀请之下选择辞职跳槽，"蓝月"一下子失去了主帅，

02 沦为"升降机"

只能让助理教练吉米·弗里泽尔执掌球队教鞭。

结果,吉米·弗里泽尔和约翰·本森走向了相同的命运终点:曼城队在42轮联赛里竟然只胜了8场,足足输了19场,仅仅拿到39分,排名倒数第二,五年来第二次不幸降级!

1987—1988赛季,曼城队终于转变了思路,聘请了此前从未执教过的诺维奇队名宿梅尔·马钦担任主帅,让他着力培养年轻球员。而效果也确实不错,曼城队虽然排在英乙第9名,距离升级还有一段距离,但44轮比赛打入80球,进球数还是相当喜人的。

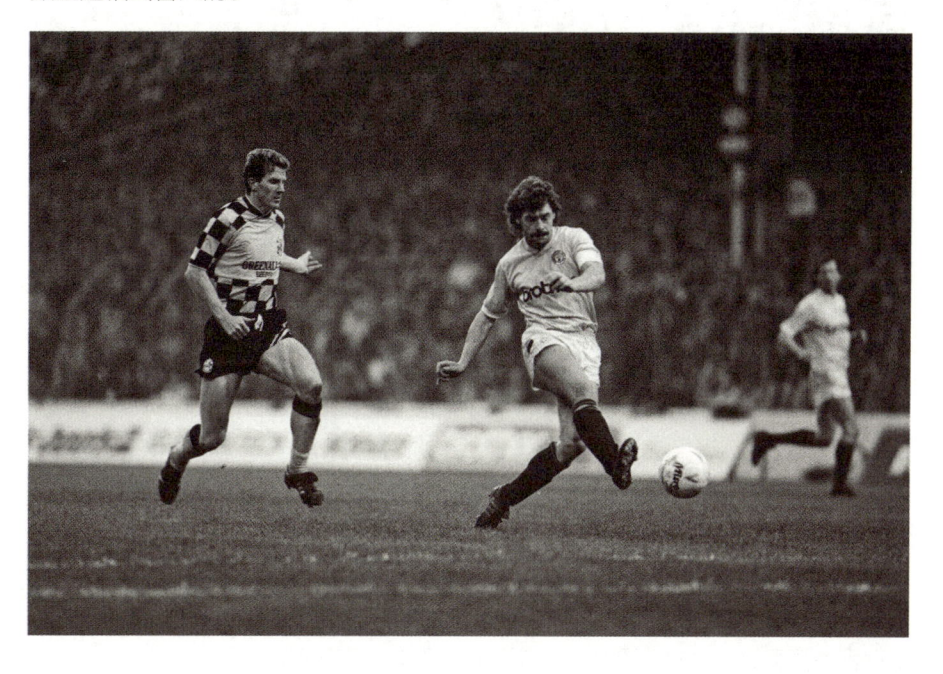

尤其是1987年11月7日,曼城队在缅因路球场10比1大胜哈德斯菲尔德镇队,让主场球迷大呼过瘾,而且保罗·斯图尔特、托尼·阿德科克和大卫·怀特三名球员均上演帽子戏法!保罗·斯图尔特还以27球成为队内的头号射手。

1988—1989赛季,年轻的曼城队更加成熟。球队虽然开局4轮不胜,但很快

第三章 暗夜蛰伏

就找回了赢球的感觉，而且进攻端的火力依然凶猛，46轮比赛一共打入77球，最终获得英乙亚军，仅次于冠军切尔西队，成功升入英甲。

不过到了顶级联赛的舞台，"蓝月"的实力还是达不到顶级水平，而且发挥也不是很稳定。

1989年9月23日，曼城队在曼彻斯特德比中出人意料地以5比1大胜曼联队，大卫·奥德菲尔德梅开二度。但是三周之后，"蓝月"又在海布里球场0比4完败给阿森纳队。而到了11月11日，曼城队更是惨遭德比郡队6比0"屠杀"，皮特·斯瓦勒斯也挥舞起自己的"屠刀"，将梅尔·马钦"斩于马下"。

曾经带领埃弗顿队两夺英甲冠军的霍华德·肯达尔成为曼城队的新掌舵者。他拥有丰富的执教经验，让"蓝月"迅速稳定下来，最后11场比赛只输了1场，非但保级成功，还升至积分榜第14名，和曼联队都积48分。

02 沦为"升降机"

1990—1991赛季，曼城队起初表现颇为出色，首轮输给热刺队之后取得10轮不败，排在积分榜第五名，距离榜首非常近。

然而1990年11月，霍华德·肯达尔突然宣布离开，重返老东家埃弗顿队执教。对此，他解释道："曼城队是我的事业，但埃弗顿队是我的婚姻！"无奈之下，皮特·斯瓦勒斯只能让中场球员皮特·里德临时"救火"，兼任球员和主教练。

所幸皮特·里德的执教能力还是可以的，曼城队并没有因为换帅而成绩下滑，反而在赛季最后阶段强势冲刺，9场比赛6胜2平1负，最终以3分优势力压曼联队，位列英甲第五！第五名，是"蓝月"自1978年以来的顶级联赛最高排名，球队13年来第一次在赛季结束时排在同城死敌的前面。

1991—1992赛季，曼城队在皮特·里德的带领下再次获得第五名，拥趸似乎终于看到了球队复兴的曙光。而1992年夏天，英格兰足球迎来巨变：刚刚成立的英超取代英甲，成为新的顶级联赛，英甲变成第二级别联赛，英乙相应地沦为第三级别联赛。新时代，曼城队的面貌能否跟着焕然一新呢？

03

连降两级 至暗时刻

可惜的是，这支曼城队谁也救不了了。

03 连降两级 至暗时刻

很遗憾，答案是否定的。作为英超的创始成员之一，曼城队参加了1992—1993赛季英超元年的比赛，但在大卫·怀特打入球队的英超首球之后，"蓝月"前3轮1平2负难求一胜，直到第4轮才在诺维奇队身上取得英超首胜。

从那之后，曼城队的发挥一直起伏不定，球队有过四连胜，也有过三连败，皮特·里德的执教能力也开始受到球迷与媒体的质疑。到了赛季尾声，球员体能下降的曼城队表现更是出现大滑坡，10场比赛只拿到2场胜利，最终排在第9位，比之前两个赛季下降了4位。

此外，"蓝月"一味地踢传统的英式长传冲吊，让缅因路球场的观众感到非常乏味和无聊，负责战术的助理教练遭到批评。

1993—1994赛季，曼城队竟然开局5轮不胜（2平3负）。球队管理层要求皮特·里德解雇助理教练，但主帅全力维护自己的助手，于是两人双双被解雇！随后，布莱恩·霍顿执掌曼城队教鞭，不过依然无计可施。

事实上，从1993年10月4日到1994年1月22日，曼城队在连续16轮联赛里竟然只赢了区区1场！糟糕透顶的成绩，不仅让布莱恩·霍顿陷入下课危机，还殃及了球队主席。1994年2月，皮特·斯瓦勒斯在巨大的压力下被迫离开，曼城队名宿弗朗西斯·李成为球队的新任主席。

在弗朗西斯·李的大力支持下，布莱恩·霍顿在1994年3月签下德国前锋乌韦·罗斯勒、英格兰前锋保罗·沃尔什等新援，曼城队的实力有所提升，成绩也随之有了很大的起色。最后10轮，曼城队虽然只赢了3场，但也仅输了1场，最终

第三章 暗夜蛰伏

以第16名完成保级任务。

1994—1995赛季,爱尔兰高中锋尼尔·奎因终于从伤病中恢复过来,可是状态不佳。乌韦·罗斯勒是曼城队中表现最出色的球员,在联赛里打入15球,各项赛事有22球入账。然而,曼城队的防守非常糟糕,这导致球队在最后25轮联赛里只赢了4场,最后9轮输了5场!

那个赛季的英超有4个降级名额,对曼城队来说值得庆幸的是,还有5个对手比自己踢得更差,所以"蓝月"最终还是有惊无险地保级成功。不过布莱恩·霍顿是不能留了,"蓝月"的主帅换成了阿兰·鲍尔。

阿兰·鲍尔是一位"很难评"的主帅,在他的执教下,曼城队在1995—1996赛季的前11轮联赛中只拿到2分。可还没等弗朗西斯·李下定决心让他下课,阿兰·鲍尔突然时来运转,在5轮联赛中取得4胜1平,又保住了自己的帅位。

03 连降两级 至暗时刻

然而从那之后，曼城队又经历了8轮联赛仅取得1胜的尴尬战绩。这一次，弗朗西斯·李还想再等等看，结果阿兰·鲍尔真的"现了原形"，曼城队遭遇11轮联赛仅取2胜的"暴击"，彻底陷入降级漩涡当中。

最后一轮，曼城队即便取胜，也未必能够保级，还得看其他对手的"脸色"，不胜则更是难逃厄运。面对利物浦队，曼城队在缅因路球场一度0比2落后，不过在生死关头，曼城队的球员并未放弃，乌韦·罗斯勒点球破门，基特·西蒙斯扳平比分！

1分其实是不够的，但是曼城队中场史蒂夫·洛马斯错误地认为1分足以保级，竟然主动放弃了最后的进攻机会，愣是在角球区拖延时间！结果，"蓝月"就这么战平了对手，在和考文垂队、南安普顿队同分的情况下，因为净胜球的劣势排名倒数第三，自英超成立以来第一次降级！

第三章 暗夜垫伏

试想：如果史蒂夫·洛马斯没有自以为是地主动拖延时间，而是抓住最后的机会放手一搏；如果曼城队把握住机会，打入绝杀球……那么"蓝月"就将留在英超。

可惜没有如果，曼城队还是降级了。不过"蓝月"也并非全无收获，"格鲁吉亚魔术师"乔泽尔·金克拉泽用他出神入化的脚下技术和充满想象力的传球征服了缅因路球场的球迷，成为"蓝月"拥趸的宠儿。

1996—1997赛季，身处英甲的曼城队再次陷入动荡。8月，阿兰·鲍尔不出意料地被解雇，阿萨·哈特福德上任，但还没过一个月，他也下课了。斯蒂夫·科贝尔"救火"上任，也只执教了一个月。随后利物浦队名宿菲尔·尼尔接班，但10场比赛输了7场，他很快就被弗兰克·克拉克给取代了。

一个赛季中的5位主帅，谁也没有成为曼城队的"救世主"。"蓝月"最终仅排在英甲的第14位，创造了当时的球队历史最差排名，根本看不到重返英超的希望。到了1997—1998赛季，"蓝月"的表现还是浑浑噩噩，前16场战罢，球队只取得3场胜利，排名积分榜第16。深以为耻的球队主席弗朗西斯·李主动辞职，弗兰克·克拉克也在1998年2月17日下课，球员时代曾在曼城队效力的乔·罗伊尔接任主帅。

可惜的是，这支曼城队谁也救不了了。最后10轮，"蓝月"仅仅取得2胜3平5负的战绩，46轮联赛最终获得48分，在英甲24支球队里排在倒数第3名，球队历史上第一次降入第三级别联赛！

03 连降两级 至暗时刻

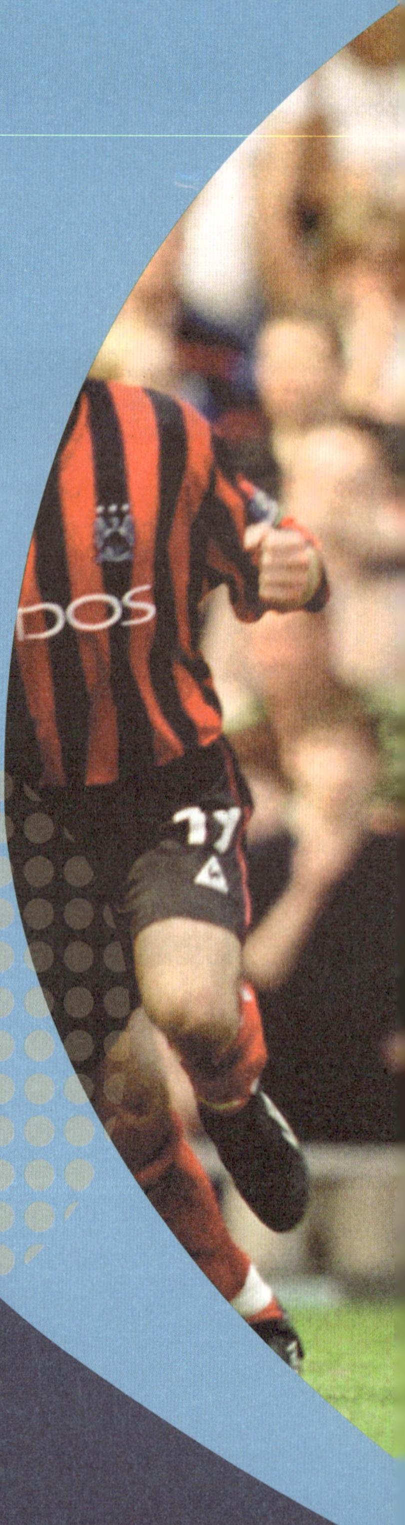

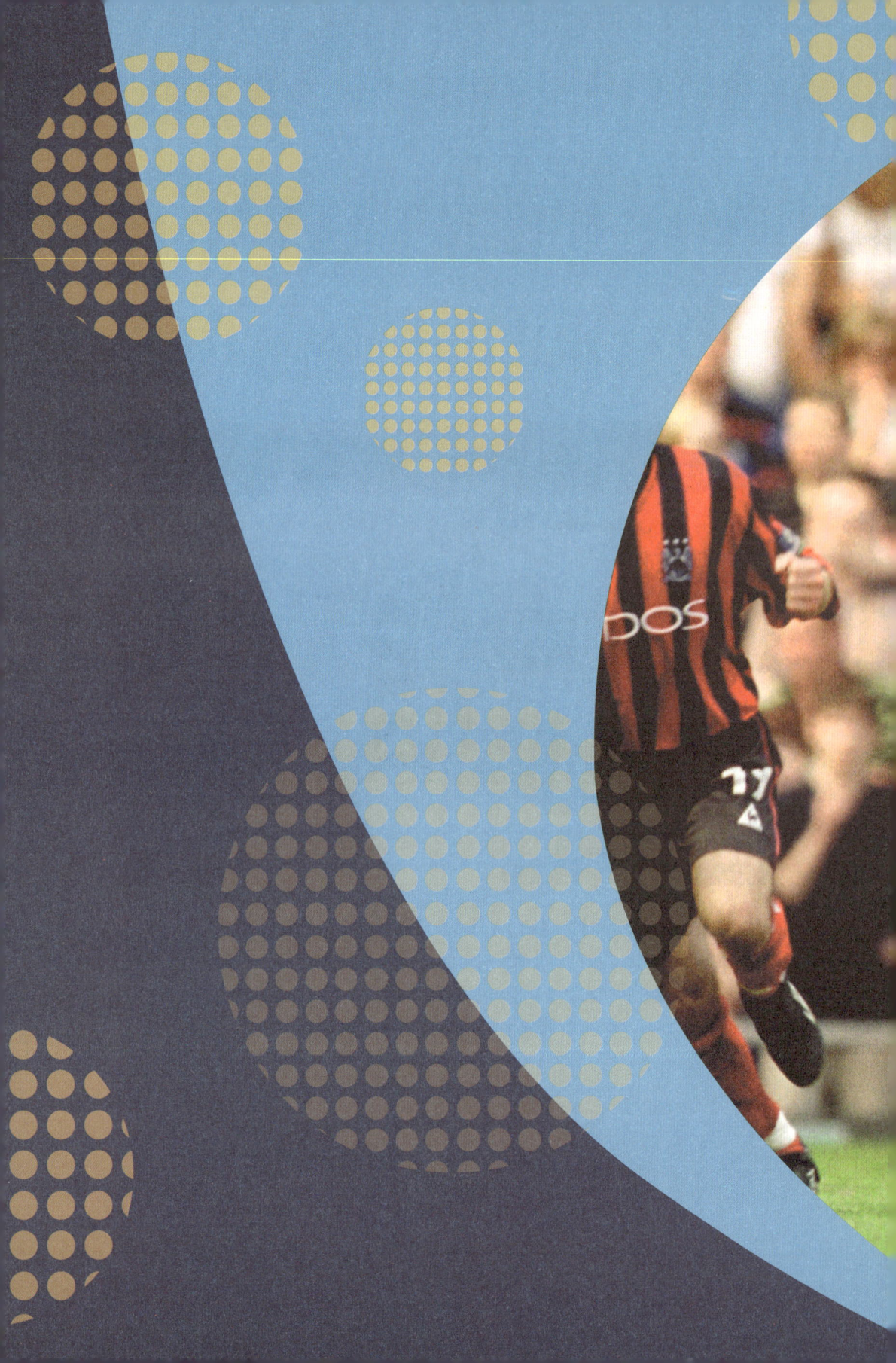

第四章
黎明之前

在新球场的第一个赛季,"蓝月"的表现难以令拥趸感到满意,球队前17场英超主场比赛竟然只取得3场胜利,深陷降级区。

01

升级两连跳 立足英超

曼城队锁定英甲亚军的身份,自1996年降级之后首次回到英超赛场!

01 升级两连跳 立足英超

1998—1999赛季，曼城队在降入英乙的第一个赛季就知耻后勇，在乔·罗伊尔的带领下获得联赛第3名，虽然未能直接升级，但拿到了参加升级附加赛的资格。

升级附加赛半决赛，曼城队以两回合2比1的总比分淘汰维冈竞技队，与吉林厄姆队会师决赛，争夺最后的升级资格。

这也是"蓝月"历史上最有戏剧性的比赛之一！第82分钟和第87分钟，对手连进两球，曼城队0比2落后，陷入绝境！然而在第90分钟，凯文·霍尔洛克扳回一球；第95分钟，保罗·迪科夫打入绝平球！

最终，比赛被拖入点球大战，"蓝月"门将尼基·韦弗扑出了对方的点球，曼城队3比1险胜对手，有惊无险地成功升级，重返英甲。

接下来的1999—2000赛季，"蓝月"再接再厉，一直处于英甲争冠行列当中。不过升级的竞争非常激烈，直到最后一轮比赛开始前，悬念依然未能揭晓。当时曼城队面临的形势是：如果击败布莱克本流浪者队，就能直接升入英超；如果不胜，就要去踢附加赛，结果难料。

如同一年前附加赛的决赛，曼城队再次先丢球，上半场0比1落后，所幸这一次留给"蓝月"的时间非常充裕，乔·罗伊尔的球队在下半场连进4球，最终完成4比1的逆转。曼城队锁定英甲亚军的身份，自1996年降级之后首次回到英超赛场！

第四章 黎明之前

2000年夏天，曼城队引进了不少强援，比如1995年金球奖得主乔治·维阿，以及哥斯达黎加前锋保罗·万乔普，还有挪威中场阿尔夫-因格·哈兰德，也就是曼城队现役前锋埃尔林·哈兰德的父亲。

让人没有想到的是，刚刚升级的曼城队并没有做好在顶级联赛征战的准备，前8轮只赢了2场，两连胜之后接着又是六连败，好不容易以5比0大胜埃弗顿队，却更像是回光返照，因为马上又是连续10轮不胜！

最终，曼城队在38轮联赛中只取得8胜10平20负、积34分的成绩，排名倒数第三，以最快的速度降回英甲，五年内第三次降级，乔·罗伊尔也因此下课。

那么球队的下一任主帅是谁呢？曼城队想要一位大牌教练，于是请来了凯文·基冈。

01 升级两连跳 立足英超

基冈在球员时代是利物浦队的球星，拿过欧冠冠军和金球奖，退役之后执教纽卡斯尔联队，夺得过英超亚军。来到曼城队之后，他引进了阿尔及利亚中场球员阿里·贝纳比亚、以色列球员埃雅尔·贝尔科维奇、英格兰后卫斯图尔特·皮尔斯等人。曼城队开始在缅因路球场大踢攻势足球。

结果，曼城队在46轮联赛中一共打入惊人的108球，积分更是达到惊人的99分！来自百慕大的前锋肖恩·戈特以28球获得英甲金靴奖，他在各项赛事中共打入32球，刷新了曼城队尘封30年的单赛季进球纪录。在降级仅一年之后，"蓝月"就以英甲冠军的身份回到英超。

02

告别缅因路 他信入主

赛季结束后，曼城队正式搬入曼彻斯特城市球场，开启了一个全新的时代。

02 告别缅因路 他信入主

2002年夏天，曼城队从巴黎圣日耳曼队签下了法国前锋尼古拉·阿内尔卡，又招募了曼联队前门将彼得·舒梅切尔，进一步增强攻防实力。2002—2003赛季，曼城队终于在英超站稳脚跟，排名积分榜第九。更令球迷高兴的是，"蓝月"在缅因路球场3比1击败同城死敌曼联队，这也是这座球场进行的最后一场曼彻斯特德比。

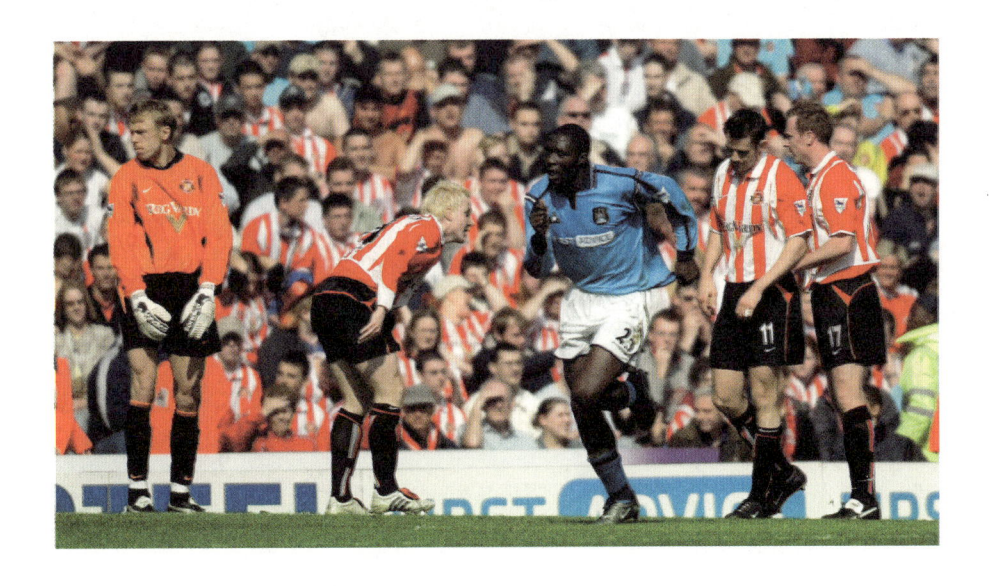

2003年4月21日，喀麦隆中场马克-维维安·福成为最后一名在缅因路球场进球的曼城队球员。赛季结束后，曼城队正式搬入曼彻斯特城市球场，开启了一个全新的时代。

第四章 黎明之前

然而令人痛心的是，马克-维维安·福在2003年国际足联联合会杯喀麦隆队对阵哥伦比亚队的比赛中猝然离世，年仅28岁！曼城队的球迷自发来到缅因路球场，献上花圈，寄托哀思，而曼城队则退役了他的23号球衣。

在新球场的第一个赛季，"蓝月"的表现难以令拥趸感到满意，球队前17场英超主场比赛竟然只取得3场胜利，深陷降级区。好在"蓝月"赢下了赛季最后2场主场比赛，最终获得英超第16名，宣告保级成功。

2004—2005赛季，曼城队表现有所起色，终于摆脱了降级危机，保持在积分榜中游，不过在2005年3月，凯文·基冈却提前离开了球队。仓促之下，斯图尔特·皮尔斯临危受命，担任临时主教练，不过他的执教成绩却出人意料地不错，曼城队差点儿就获得了欧洲联盟杯（欧洲足联欧洲联赛的前身，统一简称"欧联"）的参赛机会。

最后一轮联赛，曼城队对阵米德尔斯堡队，只有赢球才能拿到欧联资格。在1比1的比分迟迟未能改变的情况下，皮尔斯在最后阶段做出极其大胆的换人决定，用替补门将尼基·韦弗换下中场克劳迪奥·雷纳，让首发门将大卫·詹姆斯去踢

02 告别缅因路 他信入主

中锋！这一招还真的差点奏效，可惜罗比·福勒错失点球，曼城队最终未能晋级欧联。

2005—2006赛季，成为曼城队正式主帅的皮尔斯率队取得跨赛季的13场不败，球队的形势看上去相当不错。然而出色的开局却被糟糕的结尾给耽误了，最后10轮联赛，曼城队竟然输了9场，排名一路下滑，最终跌至第15名。

到了2006—2007赛季，皮尔斯的曼城队已经尽显颓势，尤其是进攻端，球队整个赛季在联赛的主场比赛中只打入可怜的10球，"主场进球荒"持续了将近15个小时！38轮联赛，"蓝月"的总进球数只有29球，是英超20支球队里并列最少的，可即便如此，曼城队运气还是相当不错，最终凭借4分的优势逃出降级区。

皮尔斯的帅位终究还是保不住了，他于2007年5月黯然下课。当然，更重要的是，球队也在这个夏天完成了易主：泰国前总理他信·西那瓦以8160万英镑的价格收购了曼城队，而他信做的第一件事情，就是邀请瑞典名帅斯文-约兰·埃里克松担任主教练。

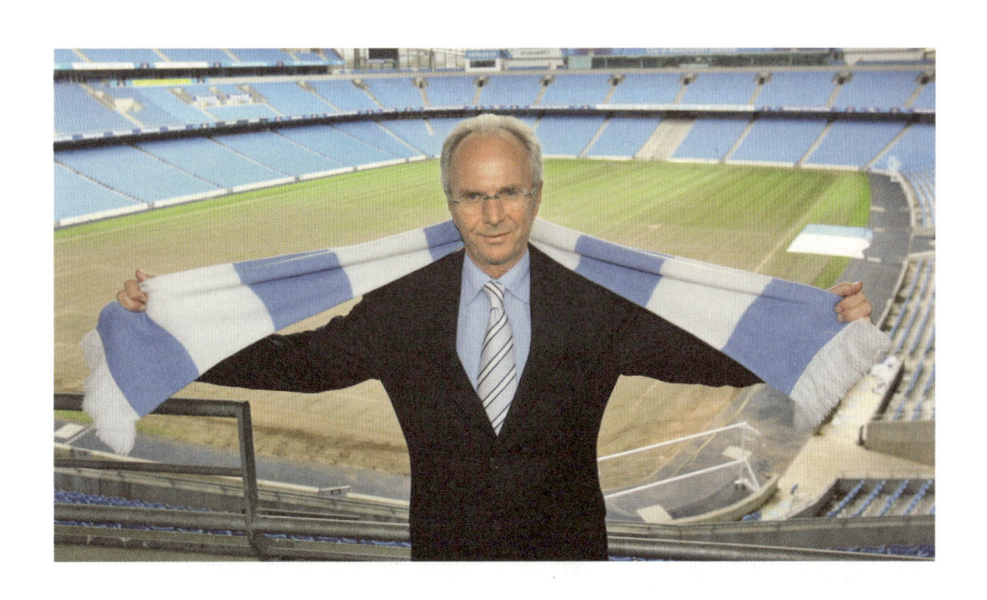

第四章 黎明之前

此时的埃里克松刚刚结束在英格兰队的执教，经验丰富，名气很大，也能吸引更多的球员加入。于是，巴西球星埃拉诺·布卢默尔和吉奥瓦尼、意大利前锋罗兰多·比安奇、保加利亚前锋瓦勒里·博季诺夫、克罗地亚后卫韦德兰·乔尔卢卡、西班牙后卫哈维尔·加里多等人纷至沓来。

名帅初来乍到，效果也确实不错，曼城队在2007—2008赛季以三连胜开局，一度领跑积分榜，前10轮拿下7场胜利。然而第11轮，"蓝月"0比6惨败于切尔西队，还是暴露出了自身与顶级强队之间的差距。从12月份开始，曼城队战绩出现大滑坡，最后10轮联赛只取得3胜，最后一轮更是1比8惨败给米德尔斯堡队。

最终，曼城队排名英超第9，至少获得了欧联的入场券。不过这样的成绩与埃里克松的名气、工作待遇落差过大，于是仅仅执教一个赛季后，这位瑞典名帅就不得不离开了。

03

"中国太阳" 闪耀曼市

他虽然没有获得任何重大赛事的冠军,但依然称得上是球队的传奇,至今依然被曼城队拥趸所铭记和尊重。

第四章 黎明之前

21世纪初的曼城队算不上强队，却受到远在东方的中国球迷关注，原因只有一个，那就是孙继海。

2002年2月26日，孙继海以200万英镑的转会费从大连实德队加盟曼城队，成为"蓝月"历史上的第一位中国球员！

3月3日，曼城队主场4比2击败考文垂队，孙继海在第76分钟替补登场，上演首秀，27天之后，他又在对阵诺丁汉森林队的比赛中首次首发登场，并最终和球队一起成功升级。

03 "中国太阳"闪耀曼市

2002年8月17日，曼城队回归英超后的首场比赛对阵利兹联队，刚刚参加完世界杯的孙继海首发登场，迎来英超首秀。虽然曼城队最终以0比3败北，但孙继海在长途奔袭之后射门击中球门立柱的表现还是相当惊艳的。

8月31日，曼城队以3比1击败埃弗顿队，孙继海和李铁上演了英超历史上第一次"中国德比"。10月26日对阵伯明翰队的比赛中，孙继海头球冲顶，打入了自己在英超中的首球！

一年之后，孙继海又取得了自己在欧联中的首球，成为历史上第一位在欧洲赛事中破门得分的中国球员，而为他送上助攻的，则是罗比·福勒。

然而遗憾的是，已经坐稳曼城队主力后卫位置的孙继海，却在2004年10月16日对阵切尔西队的比赛中与埃杜尔·古德约翰森对抗受伤，几乎赛季报销。不过，曼城队依然选择与养伤的他续约一年。

2005—2006赛季英超第12轮，孙继海在对阵富勒姆队的比赛中上演经典一幕：曼城队门将大卫·詹姆斯冲入对方禁区参与进攻，但一次横传球的失误导致曼城队后场门户大开，此时曼城队的其他球员都已经绝望地放弃奔跑，唯有孙继

第四章 黎明之前

海仍在全力回追、以一敌四，对方球员得球后面对空门轻松推射远角，但孙继海舍命倒地飞铲，竟然在球即将越过门线的瞬间将球解围！英国解说员发出了"难以置信"的感叹，就连现场的富勒姆队球迷也起立为孙继海鼓掌。

那些年，关注孙继海和曼城队几乎成为中国球迷的日常，而孙继海也确实配得上球迷对他的期待，上演过满场飞奔防守史蒂文·杰拉德、底线护球单防克里斯蒂亚诺·罗纳尔多（简称"C罗"）等好戏，还有与郑智之间的"中国德比"。

2007年夏天，埃里克松成为曼城队的主教练之后，着力提拔青训小将米卡·理查兹、内达姆·奥诺哈等人，孙继海逐渐失去主力位置。

03 "中国太阳"闪耀曼市

2008年5月22日,曼城队与香港南华队在中国香港大球场进行了一场国际友谊赛,孙继海第一次戴上队长袖标,而这也是他在"蓝月"的最后一战。

效力曼城队六个半赛季,孙继海在各项赛事中出场151次,打入4球、送出9次助攻。他虽然没有获得任何重大赛事的冠军,但依然称得上是球队的传奇,至今依然被曼城队拥趸所铭记和尊重。

04

改朝换代　迎接黎明

找到这样的大靠山，曼城队确实有福。

04 改朝换代 迎接黎明

2008年夏天，孙继海离开了曼城队，而这支球队也迎来了巨变。他信在泰国国内的个人资产仍未解冻，还必须回国去面对司法程序，所以决定出售曼城队，而他为"蓝月"找到了一个最好的下家——来自阿拉伯联合酋长国（简称"阿联酋"）的阿布扎比财团。

阿布扎比财团的领导者，是谢赫·曼苏尔·本·扎耶德·阿勒纳哈扬（简称"曼苏尔"），而他背后的阿勒纳哈扬家族更是赫赫有名，以3000亿美元的资产成为全世界最富有的家族，自1971年阿联酋独立以来，该国的总统均来自阿勒纳

第四章 黎明之前

哈扬家族。

曼苏尔的父亲和哥哥都曾担任阿联酋总统，他本人现任阿联酋副总统、副总理兼总统办公厅主任，绝对是当今世界上最有钱、最具权势的人物之一。找到这样的大靠山，曼城队确实有福。

其实在收购曼城队之前，曼苏尔的团队至少考察了3支英超球队，甚至和一支伦敦球队的高管在巴黎的一家酒店内进行了秘密会谈。但最终，曼苏尔还是斥资1.8亿英镑锁定了曼城队，还帮助球队还清了所有债务。

不过，曼苏尔并没有在球队管理层中任职，担任曼城队主席的是卡尔杜恩·阿尔·穆巴拉克。而曼彻斯特城市球场也迎来新的冠名赞助商，改名为"伊蒂哈德球场"。

富可敌国的曼苏尔一出手，就不同凡响。2008年夏季转会窗口最后一天，曼城队签下了巴西球星罗比尼奥，转会费高达3250万英镑，创造了当时的英国足坛最高纪录！在此之前，"蓝月"已经引进了比利时中后卫文森特·孔帕尼、阿根廷边后卫巴勃罗·萨巴莱塔、英格兰边锋肖恩·赖特-菲利普斯、巴西中锋若等人，可以说是兵强马壮。

他信在离开曼城队之前，还给球队带来了新帅马克·休斯。到了2009年冬季转会窗口，曼城队继续砸钱，英格兰边后卫韦恩·布里奇、威尔士前锋克雷格·贝拉米、荷兰后腰奈杰尔·德容、爱尔兰门将沙伊·吉文相继加盟，球队阵容堪称豪华。

然而，马克·休斯的执教能力确实一般，曼城队在曼苏尔时代的第一个赛季只获得第10名。不过，曼苏尔还是决定再给他一次机会，并在2009年夏季转会窗口投入大量资金，掀起新的滔天巨浪。

"蓝月"从西汉姆联队引进了阿根廷前锋卡洛斯·特维斯，从阿森纳队签下了多哥前锋埃马纽埃尔·阿德巴约和科特迪瓦中后卫科洛·图雷，从巴塞罗那

04 改朝换代 迎接黎明

队（简称"巴萨队"）引进了巴西边后卫西尔维尼奥，还签下了英格兰后腰加雷斯·巴里与中后卫乔利恩·莱斯科特，以及巴拉圭前锋罗克·圣克鲁斯。

结果呢？曼城队虽然在2009—2010赛季的英超前15场中只输了1场，但平局多达8场，包括让人吃惊的7连平！第17轮，"蓝月"又以0比3的比分输给热刺队，于是曼苏尔忍无可忍，最终在2009年12月19日解雇了马克·休斯，并聘请了意大利人罗伯托·曼奇尼执教，曼奇尼也成为继埃里克松之后，曼城队历史上又一位非英国籍主帅。

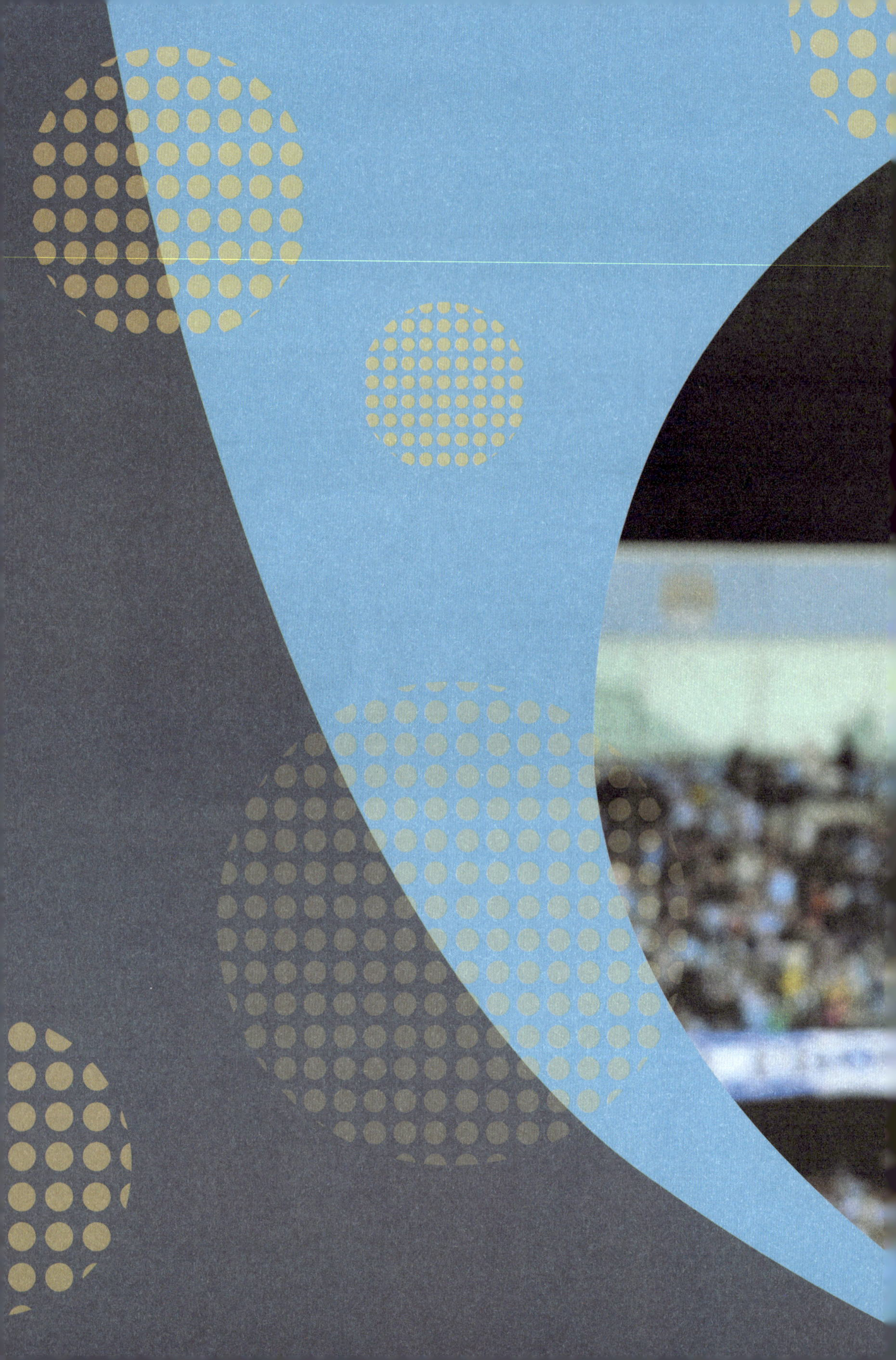

第五章

"9320"
英超首冠

曼城队最终凭借8个净胜球的优势,历史上第一次夺得英超冠军,也是时隔44年之后,第一次捧起英格兰顶级足球联赛的冠军奖杯,史称"9320奇迹"!

01

问鼎足总杯 35 年首冠

这座足总杯冠军奖杯正式拉开了"蓝月时代"的序幕,所有人都不敢再肆意嘲讽曼城队了。

01 问鼎足总杯 35 年首冠

曼奇尼走马上任，曼城队的表现立刻有了起色，球队在2009—2010赛季结束时获得英超第5名，距离欧冠附加赛只差一步。2010—2011赛季，"蓝月"在转会市场上继续加大投入，夏季转会窗口，包括意大利前锋马里奥·巴洛特利、塞尔维亚后卫亚历山大·科拉罗夫、英格兰中场詹姆斯·米尔纳在内的多名强援加盟，波黑中锋埃丁·哲科也于冬季转会窗口到来。这些强援中最重要的，当数西班牙中场大卫·席尔瓦和科特迪瓦中场亚亚·图雷。

第五章 "9320" 英超首冠

大卫·席尔瓦出生于1986年1月8日，此前在西班牙的瓦伦西亚队效力，彼时的他刚刚与西班牙队一起夺得2010年世界杯冠军，完成国际大赛（世界杯与欧洲杯）两连冠。大卫·席尔瓦脚下技术非常出色，传球具有想象力，是当之无愧的中场核心，2400万英镑的转会费绝对超值。

亚亚·图雷出生于1983年5月13日，之前在巴萨队踢球，夺得过欧冠冠军，转会费也是2400万英镑。他主要担任后腰，比大卫·席尔瓦的位置更靠后一些，身体素质极其出众，个人技术精湛，传球能力也相当强，堪称攻防俱佳。有了这两位，曼城队的中场实力可以说空前强大。

不过，这些球员初来乍到，还需要进一步的磨合，所以曼城队在2010—2011赛季的英超中表现还不是特别优异，只能看着曼联队绝尘而去。不过，"蓝月"最终还是取得21胜8平9负的成绩，以71分获得第三名，首次拿到改制后的欧冠的参赛资格！

其实，"蓝月"与第二名切尔西队是同分，仅以净胜球的劣势屈居其后，但这已经是球队自1977年以来在顶级联赛的最高排名了，也让球员和球迷对于下赛季的前景更加充满信心。

而在足总杯赛场上，曼城队已经展现出强大的天赋和实力。"蓝月"接连淘汰莱斯特城队、诺茨郡队、阿斯顿维拉队和雷丁队，半决赛更是凭借亚亚·图雷的进球以1比0力克同城死敌曼联队，自1981年之后再次闯入足总杯决赛！

2011年5月14日，足总杯决赛在温布利球场举行，曼城队的对手是斯托克城队。斯托克城队球风非常强硬，不好对付，但曼城队的亚亚·图雷再次挺身而出，在第74分钟取得全场比赛的唯一进球。1比0！"蓝月"终于夺冠了！

01 问鼎足总杯 35 年首冠

要知道，曼城队上一次拿到重要赛事的冠军，还是1976年取得联赛杯冠军，间隔35年之久；上一次问鼎足总杯，更要追溯到1969年，已经是42年之前的事情了。

这座足总杯冠军奖杯正式拉开了"蓝月时代"的序幕，所有人都不敢再肆意嘲讽曼城队了。不过，曼城队自己也很清楚，若想开启真正的辉煌时代，足总杯冠军是远远不够的，英超冠军是必须拿到的。

02

曼彻斯特的天空是蓝色的！

"蓝月"做客老特拉福德球场，竟然取得6比1的大胜，让曼联队吞下了自1955年之后在曼彻斯特德比中的最大败果。

02 曼彻斯特的天空是蓝色的！

  2011年夏天，曼城队继续在转会市场上大力引援，从马德里竞技队签下了阿根廷前锋塞尔希奥·阿圭罗，转会费达到3500万英镑；还从竞争对手阿森纳队阵中引进了法国中场萨米尔·纳斯里和左后卫盖尔·克利希，前者的转会费为2500万英镑。

  至此，曼城队一套超强的争冠阵容出炉了：门将是英格兰本土的乔·哈特，中卫组合是来自比利时的队长孔帕尼和英格兰球员莱斯科特，右后卫是理查兹，左后卫则是克利希；亚亚·图雷和加雷斯·巴里组成了中场搭档，两条边路是大卫·席尔瓦和纳斯里，他们在曼奇尼的"442"阵形里扮演边前腰的角色；两名前锋则是阿圭罗和巴洛特利。当然，替补席上还有哲科、特维斯、米尔纳、奈杰尔·德容、萨巴莱塔等人。

  "完成体"的曼城队在2011—2012赛季的英超开局非常凶猛，前14轮竟然取得12胜2平的骄人战绩，在积分榜上早早地遥遥领先！而第9轮的曼彻斯特德比，曼城队更是打出了英超历史上最经典的比赛之一。

  2011年10月23日，也许是曼城队球迷和曼联队球迷都难以忘怀的日子。"蓝月"做客老特拉福德球场，竟然取得6比1的大胜，让曼联队吞下了自1955年之后在曼彻斯特德比中的最大败果。

第五章 "9320" 英超首冠

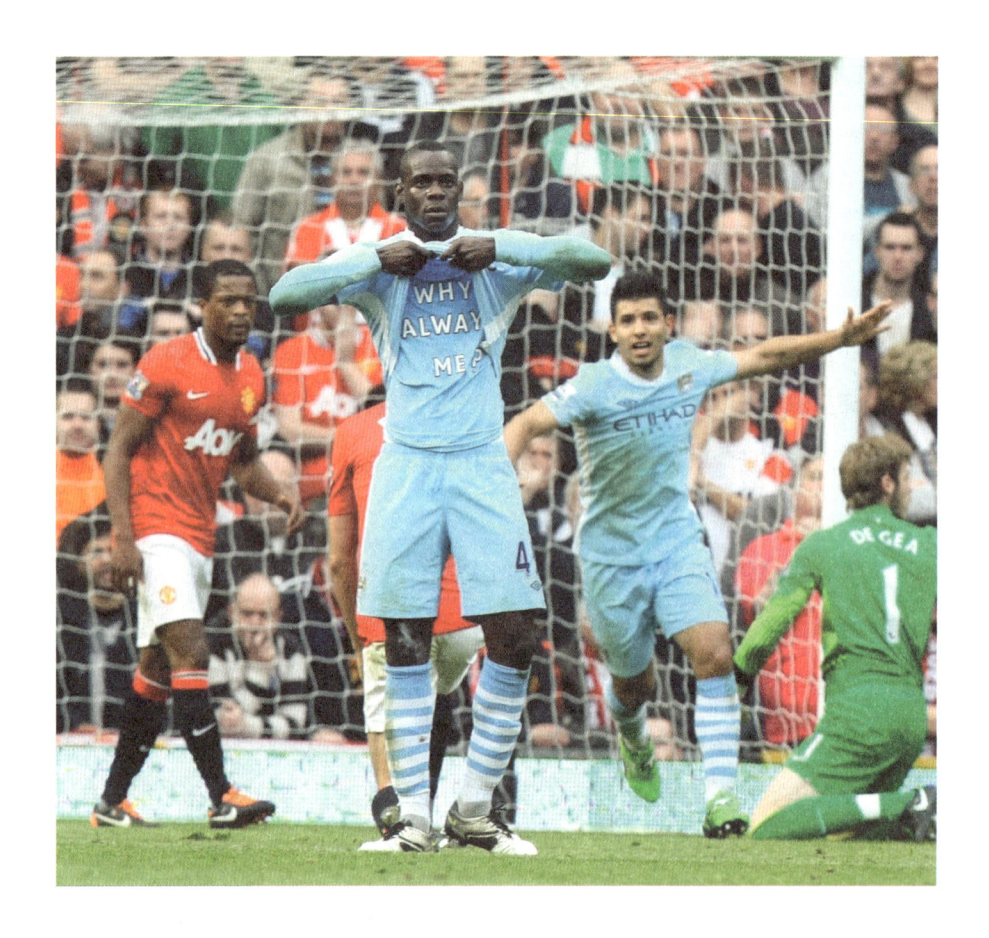

巴洛特利和哲科双双梅开二度，阿圭罗和大卫·席尔瓦各入一球。而巴洛特利在进球之后还亮出了球衣里面的T恤，上面写着"WHY ALWAYS ME？"（为什么总是我？）这一幕，也是绰号"巴神"的他在曼城队的经典时刻。

曼联队的传奇主帅亚历克斯·弗格森总是称曼城队只是一个"吵闹的邻居"，虽然吵吵闹闹、制造出很大的"噪声"，但终究无法与曼联队抗衡。然而这一场惨败，让弗格森真正认识和认可了曼城队的实力。

不过，曼联队的夺冠经验毕竟非常丰富，其重整旗鼓后似乎重新夺回了争冠的主动权。而曼城队自2012年4月8日0比1输给阿森纳队之后，在还剩6轮联赛的

02 曼彻斯特的天空是蓝色的！

情况下已经落后曼联队8分，夺冠希望看起来不大了。

但是，"蓝月"没有放弃，连战连捷，反倒是曼联队在压力之下掉了链子，先是不敌维冈竞技队，接着在大好局势下被埃弗顿队4比4逼平。于是在第36轮的第二回合曼彻斯特德比到来前，曼城队追至只差曼联队3分，而且手握很大的净胜球优势。

4月30日，这场具有决定性意义的德比大战在伊蒂哈德球场打响。曼城队必须赢球，曼联队则可以接受一场平局。和首回合一样，"蓝月"占据着场面上的主动，虽然未能复制上一次的大比分胜利，但只要能获胜，打入一球也就够了：上半场补时阶段，大卫·席尔瓦右侧角球传中，孔帕尼抢点头球破门！

1比0，曼城队单赛季"双杀"曼联队，在只剩2轮联赛的情况下，两队同积83分，曼奇尼的球队凭借净胜球的优势反超对手，登顶英超积分榜！"蓝月"用

第五章 "9320" 英超首冠

事实证明：曼彻斯特的天空是蓝色的！

曼奇尼后来回忆道："也许在那一刻，曼彻斯特在这么多年之后终于发生了一些变化。"进球功臣孔帕尼在十年之后重新谈起这场比赛，也感慨道："特别的时刻，就是'赢得联赛冠军的一战'。"

03

"9320 奇迹"

历经将近半个世纪的等待，曼城队终于问鼎顶级联赛了。

第五章 "9320" 英超首冠

最后两轮联赛，曼城队只要全胜，就几乎可以确定夺得本赛季的英超冠军。第37轮，"蓝月"客场2比0战胜纽卡斯尔联队，不过曼联队也赢了，所以冠军之争将延续到最后一轮。

2012年5月13日，2011—2012赛季英超最后一轮的所有比赛同时进行，曼城队只要击败女王公园巡游者队就能夺冠！然而让人没有想到的是，虽然萨巴莱塔在第39分钟就打入一球，但对手连进两球完成反超，在第90分钟到来时，"蓝月"依然是1比2落后，而曼联队那边则是1比0领先桑德兰队！

如果按照这样的比分结束比赛，那么冠军就将属于曼联队，曼城队只能痛失

03 "9320奇迹"

大好局面，屈居亚军！

下半场伤停补时第2分钟，大卫·席尔瓦右侧角球传中，哲科头球破门，曼城队扳回一球！但2比2的平局还不够，因为此时曼联队已经1比0击败了桑德兰队，其积分领先曼城队2分，留给"蓝月"的时间不多了。

然而，奇迹发生了：第93分20秒，巴洛特利倒地将球传至禁区，阿圭罗得球后过掉对方后卫，右脚冷静抽射一击制胜，3比2，"蓝月"成功反超，绝杀！

这一球，毫无疑问是曼城队历史上最重要的进球，因为它让曼城队惊险获胜，和曼联队同分。曼城队最终凭借8个净胜球的优势，历史上第一次夺得英超冠军，也是时隔44年之后，第一次捧起英格兰顶级足球联赛的冠军奖杯，史称"9320奇迹"！

2011—2012赛季，是英超乃至英格兰顶级足球联赛历史上争冠最激烈的赛季之一，也是第一个通过净胜球来决定英超冠军归属的赛季。

第五章 "9320" 英超首冠

历经将近半个世纪的等待，曼城队终于问鼎顶级联赛了。"蓝月"终于推翻了曼联队的英超霸主地位，成为英格兰足坛新的统治者，也真正进入足坛顶级豪门之列。

不过，一座英超冠军奖杯并不能满足曼苏尔和阿布扎比财团的雄心壮志，他们还想要更多，比如欧冠冠军，而英超冠军只是开始。

04

曼奇尼下课

压倒曼奇尼的最后一根稻草,则是足总杯决赛的失利。

第五章 "9320" 英超首冠

在英超历史上，此前只有曼联队和切尔西队成功蝉联过联赛冠军，那么曼城队能不能做到呢？

2012—2013赛季，"蓝月"并没有再度在转会市场上大动干戈，只是对阵容进行了小修小补。然而这个赛季，似乎注定要属于即将退休的弗格森，他矢志"复仇"，率领曼联队高歌猛进，几乎没有犯下什么错误。两回合的曼彻斯特德比，双方也是各赢一场。

与上赛季相比，曼城队的统治力确实下降不少，主要表现在无法彻底拿下比赛，平局太多，竟然达到9场，最终"蓝月"落后曼联队11分，获得英超亚军。

更沉重的打击在其他战线上。欧冠赛场，曼奇尼的球队陷入"死亡之

04 曼奇尼下课

组"——和皇家马德里队（简称"皇马队"）、多特蒙德队以及阿贾克斯队分在一个小组，6轮小组赛竟然一场没赢，3平3负垫底出局！这样的结果，让曼苏尔大为光火。

在客场2比3输给皇马队之后，乔·哈特在镜头前表示，队友应对输球负责，而曼奇尼直接对着记者反驳道："乔·哈特应该好好守门。他不是决策者，我才是。"这导致主帅和球员之间产生矛盾，且裂痕越来越大。

压倒曼奇尼的最后一根稻草，则是足总杯决赛的失利。曼城队在半决赛中2比1淘汰切尔西队，决赛遇到的是维冈竞技队，原本以为冠军十拿九稳，没想到却被爆出惊天大冷门，惨遭对手补时绝杀，痛失在英超和足总杯两大赛事中三年三冠的绝佳机会！不过，曼城队也让维冈竞技队成为历史上第一支当赛季从顶级联赛

第五章 "9320" 英超首冠

降级的足总杯冠军球队。

于是，在联赛还剩两轮的情况下，忍无可忍的曼苏尔就迫不及待地宣布曼奇尼下课，官方给出的理由是"没能达到球队的目标"。曼苏尔非常"慷慨"地全额支付给这位意大利主帅18个月总计1000万英镑的薪水作为赔偿金，并决定由助理教练布莱恩·基德临时带队。曼城队历史上的第一位英超冠军主帅，就这样黯然离开了。

曼奇尼虽然在该赛季战绩不佳，但毕竟率队先后夺得了足总杯冠军和英超冠军，更新了曼城队几十年来的历史，所以他的继任者必定会有很大的压力。而最终，曼城队体育总监艾托·贝吉里斯坦选定了有"工程师"之称的曼努埃尔·佩莱格里尼。

05

"佩工"与"双冠王"

佩莱格里尼的攻势足球,赢得了球迷的心。

第五章 "9320" 英超首冠

佩莱格里尼拥有民用工程学证书，所以被称为"工程师"，江湖人称"佩工"。他执教过比利亚雷亚尔队、皇马队和马拉加队，经验丰富，沉稳内敛，为人随和，崇尚攻势足球，还是颇为适合当时的曼城队的。

纳斯里就曾称赞道："佩莱格里尼在球队中有很大的影响力。他是像阿尔赛纳·温格那种类型的教练。温格非常冷静、沉着，在一天结束的时候，会告诉你自己所想的一切。佩莱格里尼也是如此，他有时候会失望，比如在他非常信任的球员没有用出色的表现回报他时，但他依然非常冷静。"

与此同时，曼城队引进了巴西后腰费尔南迪尼奥、阿根廷老将马丁·德米凯

05 "佩工"与"双冠王"

利斯、西班牙边锋赫苏斯·纳瓦斯和中锋阿尔瓦罗·内格雷多等人。球队管理层满足了"佩工"的引援要求，"蓝月"依然位于英超争冠集团的行列中。

2013—2014赛季，佩莱格里尼率先在联赛杯赛场上取得成功。曼城队运气不错，一路上没遇到太强大的对手，决赛对阵桑德兰队，虽然开场10分钟就先丢一球，但仍踢得非常稳健，下半场连进三球，轻松完成逆转，先夺一冠！

英超方面，这个赛季主要是曼城队、利物浦队和切尔西队三支球队争霸，争冠剧情也与2011—2012赛季有些相似。2014年4月，"蓝月"先是在客场被利物浦队3比2击败，接着又被桑德兰队2比2逼平，两场不胜丢了5分，在还剩5场比赛的情况下，落后领头羊利物浦队6分。

然而，曼城队此后再也没有让任何机会溜走，以5连胜结束英超的征程。另一边的利物浦队崩盘了，先是0比2不敌切尔西队，后又在3比0领先的大好局势下被水晶宫队3比3逼平！最终，佩莱格里尼的球队以2分优势力压利物浦队，夺得球队历史上的第二个英超冠军，也是三年来的第二冠！

第五章 "9320" 英超首冠

更让球迷开心的是，曼城队在38轮联赛中一共打入102球，成为英超历史上第二支单赛季进球数破百的球队；各项赛事一共打进156球，打破了1956—1957赛季的球队单赛季进球历史纪录！佩莱格里尼的攻势足球，赢得了球迷的心。

可惜的是，"蓝月"在欧冠赛场的表现依然不好，虽然从小组赛中出线，但1/8决赛就遇到了巴萨队，最终两回合遭到"双杀"，止步16强。所以哪怕佩莱格里尼执教的第一个赛季就率队成为英超和联赛杯的"双冠王"，曼苏尔在心里也没有给他打满分。

2014年夏天，曼城队最重磅的引援可能就是租借来切尔西队旧将弗兰克·兰帕德，而巴卡里·萨尼亚、埃利亚奎姆·曼加拉、费尔南多·弗朗西斯科·雷吉斯等人的加盟，其实并不能真正增强球队的阵容实力。

因此，第二次夺冠之后的"蓝月"，也重蹈上一次的覆辙，提前宣告无缘英超冠军：虽然最终排名第二，但落后冠军切尔西队8分。而在欧冠赛场上，曼城队

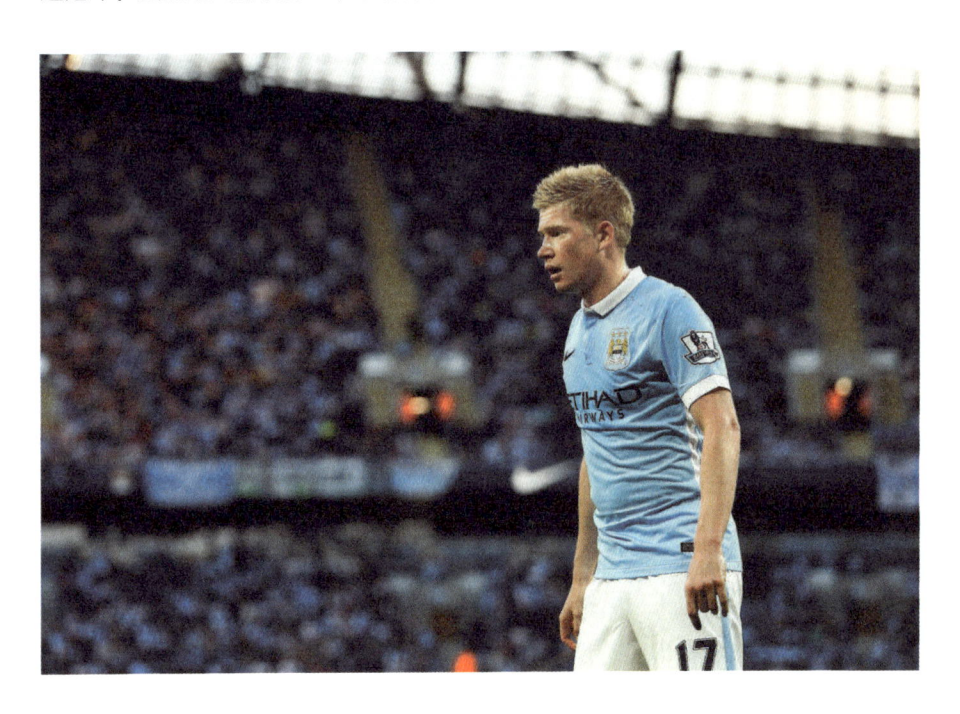

05 "佩工"与"双冠王"

再次小组出线，再次遇到巴萨队，再次被"双杀"，再次止步16强。曼苏尔意识到，"佩工"的上限大抵如此了。

2015年夏天，曼城队以4900万英镑的转会费从利物浦队引进了边锋拉希姆·斯特林，又以5450万英镑签下了比利时中场凯文·德布劳内，阿根廷中卫尼古拉斯·奥塔门迪也来了。曼城队在新赛季以5连胜开局，随后就在主场1比2爆冷输给西汉姆联队，吃到首场败仗。仅仅一周之后，"蓝月"又以1比4的比分惨败于热刺队。

接下来，曼城队在强强对话中屡屡不胜乃至输球：两回合曼彻斯特德比，只取得1平1负；两回合对阵阿森纳队，也是1平1负；特别是面对利物浦队，曼城队在主场输了一个1比4，客场又0比3完败，惨遭"双杀"，两回合一共丢了7球！

赛季最后3轮，曼城队2平1负，和曼联队同积66分，只是凭借净胜球的优势才力压同城死敌，获得英超第四名，拿到下赛季的欧冠资格！

当然，此时球员和球迷的心思，都已经不在赛场上了。这是因为在2016年2月1日，曼城队官方提前宣布，佩莱格里尼将在赛季结束后下课，瓜迪奥拉将从7月份开始担任球队的新任主帅。

不过在离开伊蒂哈德球场之前，佩莱格里尼还是给球队留下了三年来的第二个联赛杯冠军，而且在2016年4月率队第一次杀入欧冠四强，最后也只是以1球之差小负皇马队，无缘决赛——可惜的是，一切来得太晚了。

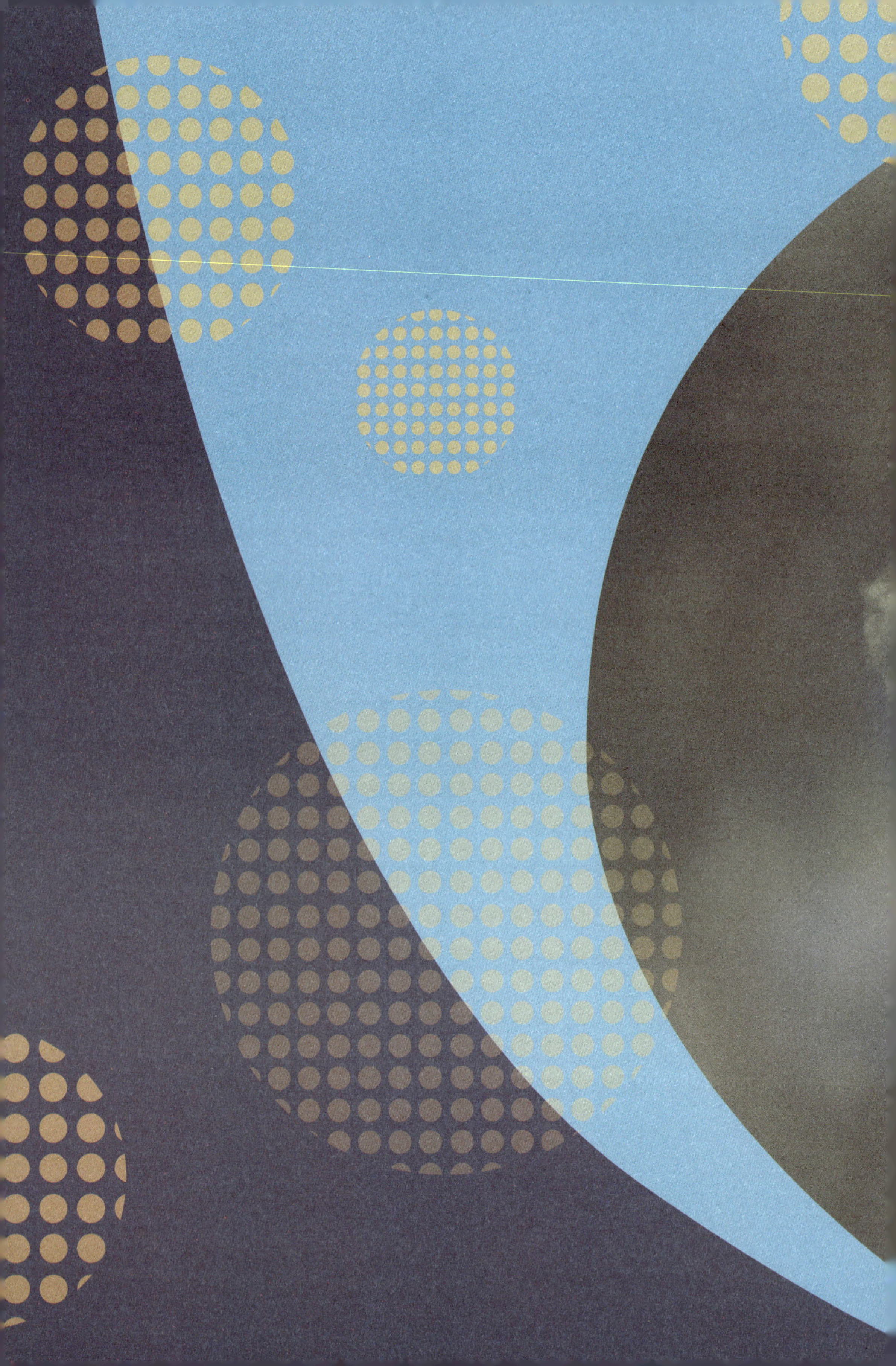

第六章
瓜迪奥拉驾临

英格兰足球赛事的冠军已经拿了一个遍,瓜迪奥拉已经是曼城队历史上最伟大的主帅了,几乎没有之一,但他唯独缺少的,也是曼苏尔最想要的,那就是欧冠冠军。

01

瓜迪奥拉 "世一帅"

拿起教鞭的瓜迪奥拉继承了恩师克鲁伊夫的足球哲学与理念，推崇、实践传控足球，追求超高的控球率和丢球之后的高位压迫、快速反抢，让巴萨队成为欧洲乃至世界足坛控球能力最强、最具统治力的球队之一。

01 瓜迪奥拉"世一帅"

瓜迪奥拉，1971年1月18日出生于西班牙加泰罗尼亚大区的桑特佩多市，球员生涯大部分时间是在巴萨队度过的。在"球圣"约翰·克鲁伊夫打造的巴萨"梦一队"中，瓜迪奥拉是他提拔的第一个4号位球员，具有良好的大局观、出色的技术和精准的传球能力，帮助巴萨队夺得了球队历史上的第一个欧冠冠军。

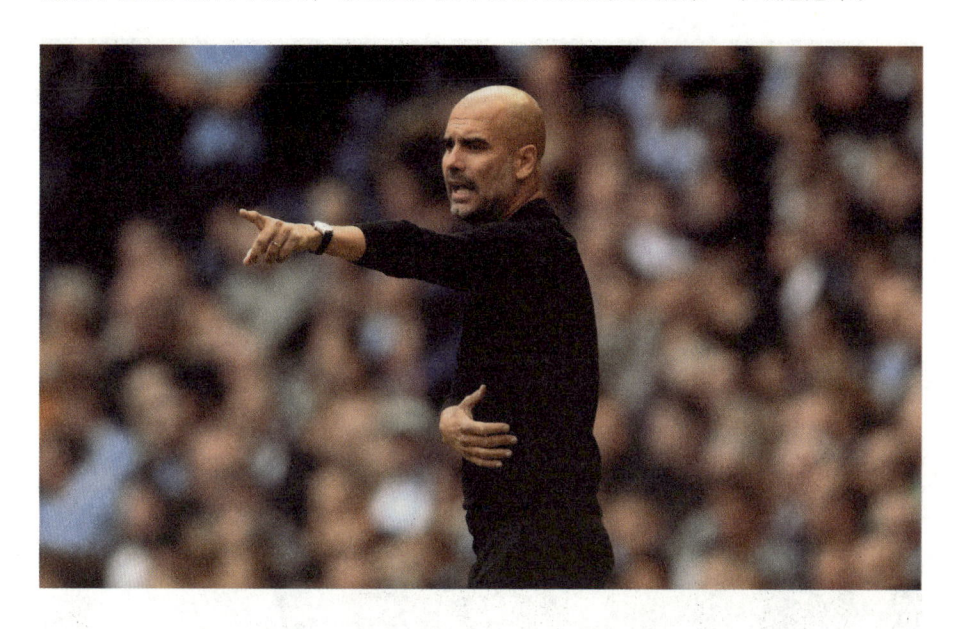

离开巴萨队之后，瓜迪奥拉曾效力于意大利的布雷西亚队和罗马队、卡塔尔的阿尔阿赫利队、墨西哥的多拉多斯队，并于2006年11月宣布退役。

退役之后，瓜迪奥拉回到巴塞罗那，担任巴萨B队的主教练，并于2008年6月成为巴萨一线队的主帅。拿起教鞭的瓜迪奥拉继承了恩师克鲁伊夫的足球哲学

第六章 瓜迪奥拉驾临

与理念，推崇、实践传控足球，追求超高的控球率和丢球之后的高位压迫、快速反抢，让巴萨队成为欧洲乃至世界足坛控球能力最强、最具统治力的球队之一。

2009年，瓜迪奥拉迎来执教生涯的第一个巅峰，他率领巴萨队连夺国王杯、西班牙足球甲级联赛（简称"西甲"）、欧冠、西班牙超级杯、欧洲超级杯和国际足联俱乐部世界杯冠军，成就史无前例的"六冠王"伟业！

接下来两个赛季，瓜迪奥拉又带领巴萨队蝉联西甲冠军，最终实现联赛三连冠，而且还在2011年第二次问鼎欧冠。不过在2012年夏天，他选择离开巴萨队，休息一年。

01 瓜迪奥拉"世一帅"

2013年7月,瓜迪奥拉成为拜仁慕尼黑队的主帅,带领球队在三个赛季里完成联赛三连冠,还拿到过欧洲超级杯和德国杯的冠军,可惜连续三个赛季折戟于欧冠半决赛。

瓜迪奥拉虽然没能率领拜仁慕尼黑队夺得欧冠冠军,但凭借其战术打法和冠军奖杯,绝对称得上世界足坛最优秀的主教练之一,风头压过其"一生之敌"若泽·穆里尼奥,被很多媒体和球迷誉为"世一帅"。

02

念念不忘 必有回响

在曼苏尔心中，瓜迪奥拉就是当之无愧的"世一帅"，没有任何疑问；瓜迪奥拉所信奉的足球理念和施行的足球战术，就是曼城队最企盼的发展之路，没有任何悬念。

02 念念不忘 必有回响

在曼苏尔心中，瓜迪奥拉就是当之无愧的"世一帅"，没有任何疑问；瓜迪奥拉所信奉的足球理念和施行的足球战术，就是曼城队最企盼的发展之路，没有任何悬念。所以从2011年开始，曼苏尔就一直希望聘请"瓜帅"，并为此而努力。

第一步，曼城队先从巴萨队请来了两位高管艾托·贝吉里斯坦和费兰·索里亚诺，分别担任球队的体育总监和首席执行官。他们和瓜迪奥拉是好友，瓜迪奥拉能在2008年成为巴萨队的主帅，与他们的鼎力支持也有很大关系。贝吉里斯坦和索里亚诺来到曼城队之后，迅速为瓜迪奥拉日后的到来做准备。

第二步，则是与何塞普·瓜迪奥拉的弟弟兼经纪人佩雷·瓜迪奥拉展开合作。佩雷·瓜迪奥拉此前曾为即将破产的西甲球队赫罗纳队拉到了投资，帮助球队摆脱了危机，并开始参与球队的运作。不过，那时的赫罗纳队在各方面都需要支持。曼城队见状，立刻与赫罗纳队确立合作关系，租借了几名年轻球员过去，这一举动直接"搞定"了佩雷·瓜迪奥拉。而佩雷·瓜迪奥拉一被"搞定"，何塞普·瓜迪奥拉被"搞定"也就只是时间早晚的问题了。

时机在2015年底到来，当瓜迪奥拉宣布将在2016年夏天离开拜仁慕尼黑队之时，一直以来对其念念不忘的曼城队终于听到了回响，双方迅速展开最后的谈判，并在2016年初敲定最终合同。

而瓜迪奥拉一来，就要按照自己的战术打法来改造球队，他做的第一件大事，就是列出转会清单。

第六章 瓜迪奥拉驾临

　　阿布扎比财团对瓜迪奥拉当然也是言听计从。于是，智利门将克劳迪奥·布拉沃从巴萨队而来，用来顶替不会传球的乔·哈特；英格兰中卫约翰·斯通斯从埃弗顿队加盟，用以提升后场的出球能力；伊尔卡伊·京多安从多特蒙德队而来，进一步增强中场实力；勒鲁瓦·萨内和诺利托的到来，则让边路进攻变得更加多样化。

03

开局"四大皆空"

猝不及防之下,瓜迪奥拉的球队遭遇了各项赛事5场不胜,"世一帅"迅速走下神坛!

第六章 瓜迪奥拉驾临

来到曼城队的首场新闻发布会，瓜迪奥拉就开玩笑道："系紧你们汽车另一侧的安全带（英国车辆与欧洲大陆车辆驾驶位置左右相反）。我十天前才过来，我们依然在熟悉对方的过程中，不过我们在竭尽全力做到最好，尤其是让我们的球员为他们所做的感到高兴，让我们的球迷感到骄傲。如果我们的球迷为我们所做的和他们所看到的感到骄傲，说明我们做得不错，因为他们都很聪明，他们可以一眼看出我们的球员有没有投入……我来这里是为了证明自己，想舒服的话我就待在原来的地方了，不过我觉得此刻是来到这里的正确时间。"

他甚至还谈到了在这个夏天执教曼联队的穆里尼奥："我们都来到了这里，

03 开局"四大皆空"

他想要获胜，我也想要获胜。我们彼此都很熟悉。如此多的顶级教练来到英格兰很不错，伟大的教练能将我带到一个全新的水平——他们会推动我去实现目标。

当然，瓜迪奥拉也承认，自己需要一些时间来适应对抗激烈的英超："我们无法在每场比赛中都赢球，但我们会努力。"当时很多人认为初来乍到的他是在放低身段、故作谦虚，但事实证明，瓜迪奥拉所言非虚。

2016—2017赛季，曼城队开局相当强势，各项赛事取得10连胜，而且收获多场大胜，包括欧冠附加赛首回合5比0横扫布加勒斯特星队、英超4比0轻取伯恩茅斯队等等，场均打入3球的战绩让球迷大呼过瘾！

不过在英超第7轮，曼城队在客场0比2不敌热刺队，瓜迪奥拉遭遇首场败仗，随后球队被埃弗顿队1比1逼平，欧冠做客诺坎普球场0比4不敌"瓜帅"老东家巴萨队，回到英超又与南安普顿队1比1握手言和，联赛杯的曼彻斯特德比，更是被曼联队1比0淘汰出局！

猝不及防之下，瓜迪奥拉的球队遭遇了各项赛事5场不胜，"世一帅"迅速走下神坛！

进入2016年12月，"瓜帅"第一次品尝到英超特有的"圣诞新年魔鬼赛程"，结果球队又连续输给切尔西队和莱斯特城队。而新年过后，曼城队的表现也并未好转：0比4埃弗顿队，2比2热刺队。英国媒体甚至因此开始质疑瓜迪奥拉的执教能力！

2017年3月到4月，曼城队遭遇更"魔鬼"的赛程，半个月内连战英超三大豪门球队，最终竟然一场未赢：1比1战平利物浦队、2比2战平阿森纳队、1比2不敌切尔西队。这3场不胜，也让"蓝月"彻底退出了争夺本赛季英超冠军的行列，靠着最后4场比赛的全胜，曼城队才以2分的优势获得英超第三名，保住了下赛季的欧冠资格。

第六章 瓜迪奥拉驾临

其他赛事，曼城队同样发挥不佳：足总杯被阿森纳队通过加时赛淘汰，止步半决赛；欧冠排在巴萨队之后，以小组第二出线，1/8决赛遇到法国的摩纳哥队，首回合在主场5比3获胜，原本以为晋级是手到擒来，孰料次回合竟然惨遭逆转，1比3告负，两队总比分战成6比6，曼城队最终因为客场进球少的劣势出局，无缘8强！

要知道，阿布扎比财团把瓜迪奥拉请来，最主要的目标就是夺得欧冠冠军，而曼城队倒在欧冠16强，绝对是难以令人满意的结果，更何况球队赛季"四大皆空"，一个冠军也没拿到！不过，曼苏尔对瓜迪奥拉依然保持着充分的信任，而这份信任，也将给予曼苏尔最大的回报。

04

首夺英超冠军 "双冠王" 加身

在经历了上赛季的"四大皆空"之后，瓜迪奥拉这个赛季终于证明了自己，也回应了所有质疑者。

第六章 瓜迪奥拉驾临

第一个赛季的失利，让瓜迪奥拉彻底意识到，一味地传控是玩不转英超的。一方面，曼城队的传控还达不到顶尖水平，需要进一步升级；另一方面，在传控之外，曼城队还需要进一步提速——提升攻防转换的速度，追求进攻端的效率。总而言之，就是英超"慢"不下来，即便曼城队要坚持传控，对球的掌控和传递也必须在快节奏下完成。

曼苏尔对瓜迪奥拉的信任，也体现在转会市场上。一年前，曼城队已经签下了布拉沃，但是瓜迪奥拉想要一名传球能力更出色的门将，于是管理层二话不说，又从本菲卡队引进了巴西门将埃德森；一年前，曼城队已经签下了斯通斯，但是瓜迪奥拉想要增强边路的出球能力，于是球队又引进了三名边后卫——凯尔·沃克、达尼洛和本杰明·门迪；在中前场，球队还补充了葡萄牙球员贝尔纳多·席尔瓦。

有来的，就有走的。威利·卡巴列罗、克利希、萨巴莱塔、萨尼亚、科拉罗夫等曼城队后防线上的球员统统离开，纳斯里、赫苏斯·纳瓦斯、克莱奇·伊希纳乔、诺利托等进攻端球员也被迫离队。总之，瓜迪奥拉想签谁就签谁，想清谁就清谁，拥有绝对的话语权！

经过两个夏天的打造，瓜迪奥拉终于构建起了一套满足自己战术要求的阵容。门将位置上，有埃德森和布拉沃的"双保险"，特别是埃德森，能够保持90%左右的传球成功率，可以成为曼城队的后场进攻发起点，同时其活动范围非常大，绝对是"瓜帅"最需要的"最后一块拼图"。

04 首夺英超冠军 "双冠王"加身

  中后卫位置上,虽然队长孔帕尼经常受伤,但斯通斯、奥塔门迪、曼加拉的轮换已经足够,而且球队在冬季转会窗口还引进了艾默里克·拉波特;右后卫方面,凯尔·沃克坐稳主力位置,左后卫则有达尼洛、本杰明·门迪、法比安·德尔夫等多人轮换。

  中场方面,费尔南迪尼奥在后腰位置上独当一面,德布劳内和大卫·席尔瓦组成进攻双核,还有京多安和贝尔纳多·席尔瓦轮换,而老将亚亚·图雷只能沦为替补。

  锋线上,边路有斯特林和德国"快马"萨内,中锋有阿圭罗和巴西新星加布里埃尔·热苏斯,真可谓兵强马壮!于是2017—2018赛季一开始,曼城队就吹响了英超争冠的号角。

  第4轮,曼城队在伊蒂哈德球场5比0大胜利物浦队,热苏斯和萨内双双梅开

第六章 瓜迪奥拉驾临

二度，让世人知道了这支球队究竟有多恐怖。紧接着，"蓝月"在客场6比0大胜沃特福德队，主场5比0击败水晶宫队。3场比赛一共打入16球，没有丢球！

做客斯坦福桥球场，曼城队又展现了出色的防守能力，虽然只是以1球小胜，但能在艰难处境中全取3分，恰恰是冠军球队的必要素质。更何况在下一轮，"蓝月"又以7比2的大比分大败斯托克城队，进攻火力再次爆发。

3比1阿森纳队、2比1曼联队、4比1热刺队，瓜迪奥拉的球队可谓势不可挡，前22轮联赛竟然保持不败，而且取得18连胜，打破了英超历史纪录！就连英国媒体都开始猜测和分析：曼城队能否成为继2003—2004赛季的阿森纳队之后，英超历史上又一支赛季不败的球队？

瓜迪奥拉不想要这么大的压力，他反复强调，曼城队早晚会输球。2018年1月14日，曼城队在安菲尔德球场3比4不敌利物浦队，终究还是遭遇了赛季首败。不过这并没有影响"蓝月"的前进脚步，球队在此之后连战连捷，接连击败阿森

04 首夺英超冠军 "双冠王"加身

纳队和切尔西队,简直不可阻挡。

4月7日,本赛季的第二回合曼彻斯特德比在伊蒂哈德球场打响。曼城队上半场就2比0领先,然而下半场风云突变,曼联队的保罗·博格巴爆发,他梅开二度,帮助曼联队完成逆转。还好在联赛还剩6场比赛的情况下,曼城队依然领先第二名曼联队13分之多,夺冠只是时间问题了。

仅仅一周之后,曼城队在客场3比1击败了热刺队,而曼联队则在主场不敌西布罗姆维奇队,曼城队将领先优势扩大到16分,提前夺得英超冠军!在经历了上赛季的"四大皆空"之后,瓜迪奥拉这个赛季终于证明了自己,也回应了所有质疑者。

夺冠之后,曼城队并没有松懈,最后5场比赛取得4胜1平,38轮联赛总积分达到整整100分,成为英超历史上第一支单赛季积分破百的球队!同时,曼城队还创造了多项历史纪录:最长连胜(18连胜)、单赛季最多进球(106球)、

第六章 瓜迪奥拉驾临

单赛季最多净胜球（79球）、冠亚军之间最大分差（领先第二名曼联队19分）等等。

此外，这个赛季曼城队还在联赛杯中闯入决赛，并且3比0轻取阿森纳队，成为"双冠王"。唯一的遗憾，也许就是欧冠了。"蓝月"这一次终于在1/8决赛过关，晋级8强，却在1/4决赛遇到了利物浦队，结果在英超内战中遭到对手"双杀"，以1比5的总比分被淘汰，还是未能跻身半决赛。

不过，还有值得高兴的事情："蓝月"在欧冠小组赛中客场4比2击败那不勒斯队，阿圭罗打入一球，以178球超越埃里克·布鲁克，成为曼城队的历史射手王！

05

英格兰"四冠王"历史第一队

至此,瓜迪奥拉的球队已经夺得英超、足总杯、联赛杯和社区盾杯的冠军,成为英格兰足球赛事的"四冠王",也成为历史上第一支在单赛季达到这一成就的英格兰球队!

第六章 瓜迪奥拉驾临

由于曼城队已经趋于完美，瓜迪奥拉在2018年的夏季转会窗口并没有进行太多引援，主要引进了莱斯特城队的边锋里亚德·马赫雷斯，转会费达6000万英镑。然而，曼城队曾经的中场核心之一亚亚·图雷在这个夏天离开了球队。

虽然亚亚·图雷和瓜迪奥拉在巴萨队有过合作，但当时瓜迪奥拉就用更年轻的塞尔吉奥·布斯克茨取代了他。后来二人在曼城队再次碰面，亚亚·图雷又迅速成为边缘人物。他的经纪人甚至诅咒瓜迪奥拉："善恶有报，未来会有非洲萨满施咒，不让瓜迪奥拉获得欧冠冠军。"

此外，乔·哈特也正式离队。虽然乔·哈特经常成为"世界波"的背景板，球迷开玩笑说"看见哈特蒙一脚"，但他确实为曼城队做出了很大的贡献。可惜其脚下技术实在一般，无法满足瓜迪奥拉的要求，在经历两个赛季的租借之后，最终还是离开了。

曼城队的2018—2019赛季从社区盾杯开始，凭借阿圭罗的梅开二度，曼城队2比0战胜上赛季的足总杯冠军切尔西队，夺得赛季首冠。这场比赛中阿圭罗打入的第1球，是他为曼城队打入的第200球。

英超首轮，"蓝月"就要客场面对阿森纳队，结果瓜迪奥拉并没有排出上赛季惯用的顺足边锋分居左右两边的阵形，反倒开启新的战术变革：让斯特林出任左边锋，马赫雷斯踢右边锋，贝尔纳多·席尔瓦担任进攻型中场。最终，斯特林和贝尔纳多·席尔瓦各入一球，曼城队取得开门红。

德布劳内的受伤对曼城队来说是不小的打击，不过贝尔纳多·席尔瓦表现

05　英格兰"四冠王"　历史第一队

出色，于是瓜迪奥拉让他和大卫·席尔瓦组成新的中场双核，利用他的跑动和压迫，来缓解攻防两端的压力。

和上赛季一样，曼城队毫不手软，在联赛中频频斩获大捷：6比1哈德斯菲尔德镇队、5比0卡迪夫城队、5比0伯恩利队、6比1南安普顿队。不过，利物浦队在这个赛季成了"蓝月"最主要的竞争对手，英超争霸呈现出"红蓝对决"的局面。

第8轮，曼城队做客安菲尔德球场挑战利物浦队，比赛最后时刻，萨内制造点球，马赫雷斯却一脚将球踢上看台，错失绝杀，未能改写0比0的比分。而等到2018年12月，"蓝月"客场0比2负于切尔西队、15轮不败被终结的同时，也把积分榜榜首的位置让给了利物浦队。

2019年1月3日，曼城队与利物浦队的第二回合较量在伊蒂哈德球场展开。赛前，曼城队已经落后利物浦队7分，绝对不能再输了。所幸阿圭罗和萨内各有一球入账，再加上斯通斯的门线解围，瓜迪奥拉的球队最终2比1险胜，将分差缩小到4分。

1月底，曼城队又在圣詹姆斯公园球场1比2爆冷不敌纽卡斯尔联队，不过利

第六章 瓜迪奥拉驾临

物浦队也被莱斯特城队逼平，两队的积分差距没有被过度拉开。

到了2月24日，曼城队迎来了本赛季的第二座冠军奖杯！"蓝月"与切尔西队会师联赛杯决赛，结果120分钟里双方0比0互交白卷，只能进入残酷的点球大战。在点球大战开始之前，切尔西队的门将凯帕·阿里萨瓦拉加拒绝被换下，他也确实扑出了萨内的点球，但埃德森同样扑出了若日尼奥的点球，大卫·路易斯的射门则被球门立柱拒之门外。最终，曼城队以4比3击败切尔西队，成功卫冕，夺得球队历史上的第6个联赛杯冠军！

回到英超赛场，输给纽卡斯尔联队让曼城队彻底打起精神，没有再犯任何错误，胜利一场接着一场，"蓝月"竟然1分也没丢！倒数第二轮对阵莱斯特城队，队长孔帕尼一脚定乾坤，"蓝月"1比0小胜，从而以1分优势超越利物浦队，再次升至积分榜榜首。

要知道，整个赛季，积分榜榜首位置易主了32次，创造了英超纪录，冠军也注定要在最后一轮才能决出。

2019年5月12日，英超第38轮的所有比赛同时进行。利物浦队率先攻破伍尔弗汉普顿流浪者队（简称"狼队"）的球门，而曼城队则被布莱顿队先进一球，短暂交出了积分榜榜首的位置。不过仅仅1分钟之后，阿圭罗就扳平比分，随后拉波特、马赫雷斯和京多安各入一球，瓜迪奥拉的球队最终完成4球逆转！

这样一来，曼城队38轮取得32胜2平4负的成绩，积98分，虽然不如上赛季积分多，但依然夺得了英超冠军，成为近十年来第一支成功卫冕的球队！而这两个赛季，曼城队的英超总积分是198分，远远超过此前穆里尼奥首次执教切尔西队时创下的连续两个赛季总积分186分的纪录。

最终获得97分的利物浦队，不幸成为英超历史上积分最高的亚军。冠亚军两队的积分相加高达195分，则创造了英超冠亚军积分总和的历史纪录。

05　英格兰"四冠王"　历史第一队

英超夺冠，并不意味着结束。6天之后，"蓝月"又在足总杯决赛中对阵黑马沃特福德队。这场比赛毫无悬念，曼城队6比0大胜，追平了足总杯决赛历史上的最大分差纪录！

至此，瓜迪奥拉的球队已经夺得英超、足总杯、联赛杯和社区盾杯的冠军，成为英格兰足球赛事的"四冠王"，也成为历史上第一支在单赛季取得这一成就的英格兰球队！整个赛季，曼城队在各项赛事中一共打入惊人的169球，也打破了英格兰球队单赛季的历史进球纪录。

然而在欧冠赛场上，瓜迪奥拉还是没能赢得冠军。曼城队在欧冠小组赛中以小组头名身份出线，1/8决赛更是轻松淘汰沙尔克04队，次回合还打出了7比0的大比分！

可是到了1/4决赛，曼城队遇到了同样来自英超的对手热刺队，结果首回合客场0比1告负，虽然次回合在伊蒂哈德球场4比3取胜，但当值主裁在VAR（视频助理裁判）的影响下做出两次争议判罚，曼城队只能以4比4的总比分战平，最终因为客场进球少的劣势无缘四强。

06

"红蓝"再争霸
"瓜渣"一时瑜亮

上赛季的亚军利物浦队依然是"蓝月"最强的竞争对手,"红蓝争霸"再次上演,从赛季一开始便是如此。

06 "红蓝"再争霸 "瓜渣"一时瑜亮

英格兰足球赛事的冠军已经拿了一个遍,瓜迪奥拉已经是曼城队历史上最伟大的主帅了,几乎没有之一,但他唯独缺少的,也是曼苏尔最想要的,那就是欧冠冠军。

为了完成这一夙愿,曼城队在2019年夏天进行了两笔重要的引援:斥资6280万英镑从马德里竞技队签下西班牙后腰罗德里,花费6000万英镑从尤文图斯队引进葡萄牙边后卫若昂·坎塞洛。

然而遗憾的是,2019—2020赛季的欧冠冠军依然不属于"蓝月"。其实曼城队这个赛季表现不错,不仅以4胜2平的不败战绩小组头名出线,还在1/8决赛中主客场"双杀"实力强大的皇马队,强势晋级八强!

第六章 瓜迪奥拉驾临

可是新冠肺炎疫情的不期而至，让欧冠1/4决赛临时改制为单场淘汰赛。结果，曼城队1比3爆冷输给来自法国的里昂队，竟然连续三个赛季止步欧冠八强。

欧冠夺冠无望，曼城队只能全力冲击联赛冠军，希望实现英超三连冠。上赛季的亚军利物浦队依然是"蓝月"最强的竞争对手，"红蓝争霸"再次上演，从赛季一开始便是如此。

作为赛季首战的社区盾杯，曼城队和利物浦队在120分钟内1比1握手言和，"蓝月"最终经过点球大战才6比5险胜，像上赛季一样旗开得胜。

不过与去年梦幻般的开局不同，曼城队在英超第5轮就遭遇首败，2比3爆冷负于诺维奇队，虽然随后就以8比0的比分横扫沃特福德队，但第8轮又输给狼队，暴露出"蓝月"防线不够稳固的问题。

2019年11月10日的英超第12轮，"蓝月"做客安菲尔德球场，结果开场6分钟就被利物浦队破门。第13分钟，穆罕默德·萨拉赫接队友传球后头球建功，扩大比分差距。第51分钟，萨迪奥·马内头球冲顶再下一城，瓜迪奥拉的球队已经0比3

06 "红蓝"再争霸 "瓜渣"一时瑜亮

落后!

第78分钟,贝尔纳多·席尔瓦抽射入网,打入挽回颜面的一球,曼城队最终1比3告负,总积分落后利物浦队多达8分,卫冕前景已经不被看好。

进入赛季中期,"蓝月"不仅先后输给狼队和热刺队,更是在两回合的曼彻斯特德比中遭曼联队"双杀",被利物浦队越甩越远。等到2020年3月英超因新冠肺炎疫情而暂停时,曼城队在少赛一场的情况下,竟然已经落后利物浦队多达25分!这意味着利物浦队只要再赢两场就将夺冠。

这一暂停,就停了三个多月,直到6月份,英超才重新开赛。曼城队终于找回一些状态,首战就3比0大胜阿森纳队,接着又5比0横扫伯恩利队。不过第31轮,"蓝月"在斯坦福桥球场1比2不敌切尔西队,在还剩7轮的情况下比利物浦队少23分!因此,利物浦队提前7轮夺得球队历史上的首个英超冠军!

在利物浦队夺冠的第一时间,曼城队就通过社交媒体官方账号送上了祝贺,而下一场比赛,曼城队恰恰要在伊蒂哈德球场对阵利物浦队。虽然当时是空场比赛,没有观众,但曼城队的球员依然列队迎接,热烈鼓掌,向新科冠军致敬。

第六章 瓜迪奥拉驾临

这也是瓜迪奥拉向尤尔根·克洛普的致敬。二人此前在德国足球甲级联赛（简称"德甲"）就有过直接较量，当时一个执教拜仁慕尼黑队，一个执教多特蒙德队。从冠军数量来看，瓜迪奥拉占尽上风，但他在德国吃到的首场败仗，就是克洛普在德国超级杯上送给他的。如今二人来到英超，相见亦是故人，经过两个赛季激烈的冠军之争，克洛普正式取代穆里尼奥，成为瓜迪奥拉最主要的对手，他们彼此也愈发惺惺相惜。

值得一提的是，这个赛季表现最出色的曼城队球员是德布劳内，他在英超里送出20次助攻，四年三度加冕英超助攻王，而且还追平了2002—2003赛季由蒂埃里·亨利创造的英超历史单赛季助攻纪录。而在德布劳内的加持下，常常浪费机会的斯特林也爆发了，他在英超打入20球，各项赛事共打入31球，成为队内的头号射手。

06 "红蓝"再争霸 "瓜渣"一时瑜亮

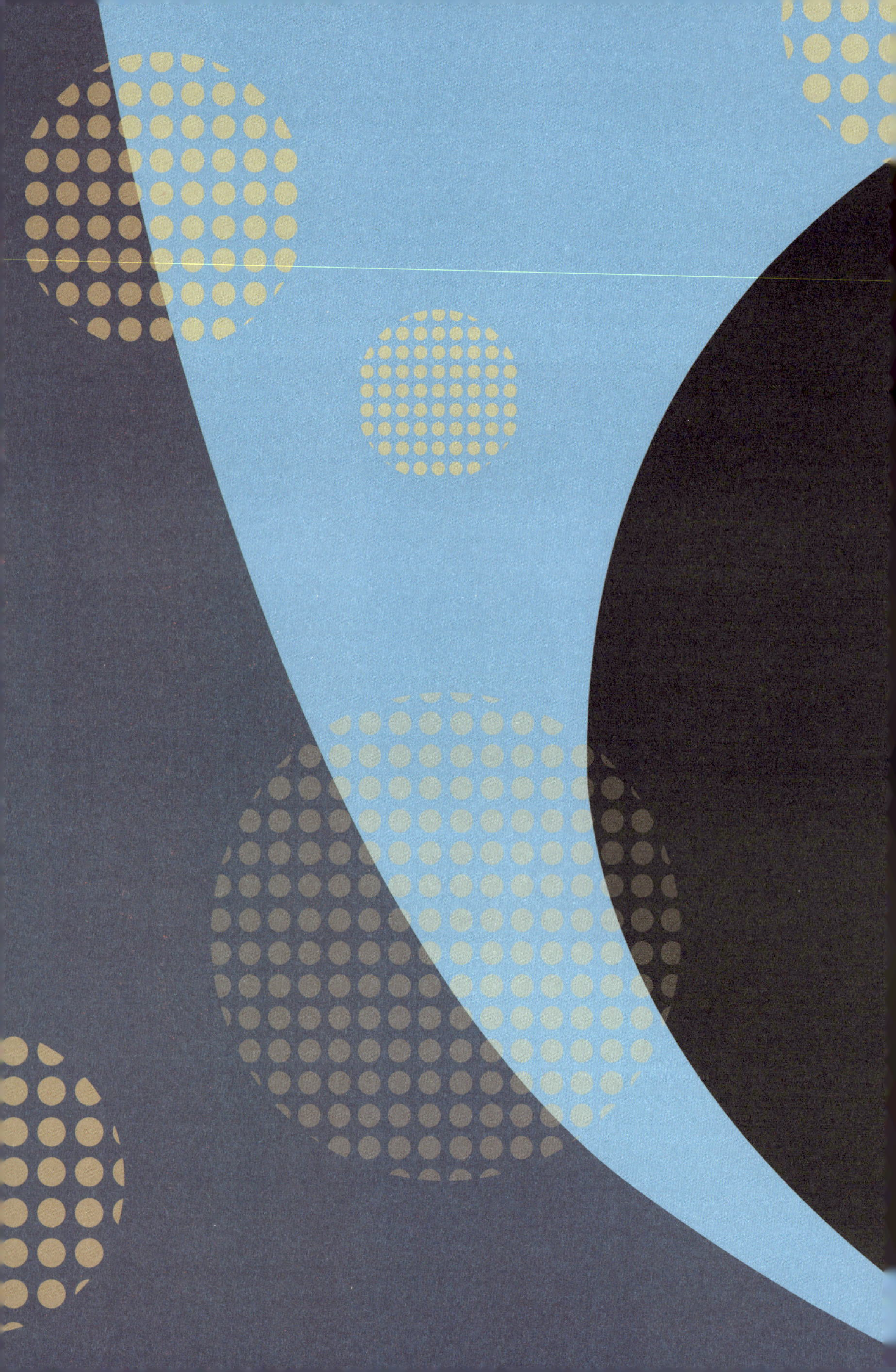

THE TREBLE 2023

第七章

无比辉煌的"瓜氏王朝"

此时此刻,不仅曼彻斯特的天空是蓝色的,整个欧洲足坛的天空也都是蓝色的!

01

再次问鼎英超 欧冠屈居亚军

然而，在如此重大的比赛中，"瓜帅"却突然"整活儿"，竟然让京多安踢单后腰，再加上菲尔·福登和贝尔纳多·席尔瓦，三名中场里没有一个擅长防守的。

01 再次问鼎英超 欧冠屈居亚军

对于曼城队来说，失去的就要重新夺回来，所以在2020—2021赛季，"蓝月"对英超冠军重新提起了兴趣，并为此进行了多笔引援。葡萄牙中卫鲁本·迪亚斯、荷兰后防多面手内森·阿克、西班牙攻击手费兰·托雷斯的加盟，让曼苏尔在转会市场上的支出轻松超过1亿英镑。

有得也有失。球队的传奇功勋球员大卫·席尔瓦重返西班牙，结束了整整十年的"蓝月"生涯。十年来，他为曼城队出场436次，打入77球，送出129次助攻，为球队赢得4个英超冠军、2个足总杯冠军、5个联赛杯冠军，唯一的遗憾就是无缘欧冠冠军。

第七章 无比辉煌的"瓜氏王朝"

在这几位新援当中，鲁本·迪亚斯的作用非常关键，他有着出色的脚下技术和传球能力，同时身体对抗能力和头球功夫也毫不逊色，可以很好地与斯通斯形成互补，让其变得更加稳健。更重要的是，球队防线球员的出球能力增强，可以让瓜迪奥拉更放心大胆地开展新的战术变革。

什么变革？当曼城队掌控球权时，身为左边后卫的坎塞洛内收到中场中路，与罗德里组成双后腰，这样既能更好地进行传控，也能填补中路空当，防止单后腰被对手的快速反击攻破，还能够更好地解放中场的京多安，让他可以积极前插，投入到进攻当中。

论个人技术和传球创造力，京多安可能略逊于大卫·席尔瓦一筹，但当他的位置往前提之后，他的进攻火力得到释放，他在2020—2021赛季的英超中出场28次，攻进13球，各项赛事共计46场17球，竟然成为队内的赛季最佳射手！

其实，因为新冠肺炎疫情的影响，京多安直到2020年12月15日才打入新赛季的个人英超首球，但从此就一发不可收，接下来联赛的11场比赛有10球入账。尤其是在4比1击败利物浦队和3比0战胜热刺队的这两场强强对话中，京多安都梅开二度，成为曼城队获胜的最大功臣。曼城队也取得英超15连胜，在积分榜一骑绝尘。

瓜迪奥拉的另一个战术变革，就是在曼城队打起了"无锋阵"。由于阿圭罗受到伤病困扰，再加上他不符合"瓜帅"对前锋的一些要求很难出场，瓜迪奥拉索性使用"伪9号"战术，让一名中场球员客串中锋。

比如4比1击败利物浦队的比赛，踢中锋的就是小将菲尔·福登；1比0力克阿森纳队一战，轮到德布劳内顶在最前面。当然，真正的9号球员、巴西前锋热苏斯也是中锋的选择之一。

瓜迪奥拉的战术变革打了竞争对手一个措手不及，曼城队一路领跑，最终提前3轮就击败曼联队，四年内第三次夺得英超冠军，也是球队历史上第五次捧起英

01 再次问鼎英超 欧冠屈居亚军

超冠军奖杯。

此前在联赛杯赛场上，曼城队表现同样非常出色，1/4决赛和半决赛先后淘汰阿森纳队和曼联队，在温布利球场举行的决赛中又1比0小胜热刺队，因此英超冠军到手后，"蓝月"已经达成赛季"双冠王"的成就！

当然，最令曼城队欣喜的是，球队终于在欧冠赛场上完成了历史性突破，小组赛以5胜1平的骄人战绩轻松出线，1/8决赛"双杀"德甲的门兴格拉德巴赫队，1/4决赛又以两个2比1的比分淘汰了同样来自德甲的多特蒙德队。

半决赛，面对拥有内马尔和基利安·姆巴佩的巴黎圣日耳曼队，曼城队踢得气势如虹。首回合，瓜迪奥拉让德布劳内踢中锋，用"无锋阵"戏耍对手，结果德布劳内和马赫雷斯各入一球，曼城队在王子公园球场取得一场胜利。

次回合回到伊蒂哈德球场，"瓜帅"沿用战术，马赫雷斯也继续进球，他梅开二度包揽全部进球，曼城队最终以4比1的总比分淘汰巴黎圣日耳曼队，历史上第一次晋级欧冠决赛！

145

第七章 无比辉煌的"瓜氏王朝"

"蓝月"距离球队历史上的第一座欧冠奖杯只有一步之遥,而其在决赛中的对手则是切尔西队。没错,这是一场英超内战,瓜迪奥拉的对手是德国名帅托马斯·图赫尔。

然而,在如此重大的比赛中,"瓜帅"却突然"整活儿",竟然让京多安踢单后腰,再加上菲尔·福登和贝尔纳多·席尔瓦,三名中场里没有一个擅长防守的。德布劳内继续踢中锋,但效果不佳,还在第60分钟与安东尼奥·吕迪格相撞,鼻子和眼眶受伤,不得不提前退场。

不得不说,这一次"瓜帅"玩儿砸了,切尔西队获得的破门机会更多,最终凯·哈弗茨取得全场比赛的唯一进球,曼城队0比1遗憾告负,只能屈居欧冠亚军。不过,曼城队已经突破瓶颈、创造历史,等到下一次再进欧冠决赛,很可能就是收获的时刻了!

02

射手王离队
英超两连冠

与切尔西队的欧冠决赛，阿圭罗在第77分钟替补登场，未能拯救球队，终究还是没能在其曼城队生涯的最后一场比赛里夺得这座唯一缺少的奖杯。

第七章 无比辉煌的"瓜氏王朝"

2021年夏天，对于曼城队球迷来说又是一个伤感的季节，这是因为继大卫·席尔瓦之后，阿圭罗也离开了球队。

阿圭罗在曼城队的历史地位毋庸置疑，进球数无人能及，他在各项赛事中出场390次、贡献260球，不仅是曼城队的历史第一射手，还是英超历史帽子戏法次数的纪录保持者和英超历史外援进球数量的纪录保持者。当然，他更是"9320奇迹"的缔造者，甚至仅凭这一点，阿圭罗就足以跻身曼城队的"万神殿"。

02 射手王离队 英超两连冠

不过上赛季，阿圭罗先后经历膝盖和腿筋的伤病，还一度感染新冠病毒，直到2021年3月13日，才再次在英超赛场上进球。3月29日，曼城队官方宣布阿圭罗将于赛季结束后离队。5月23日的英超主场谢幕战，阿圭罗替补登场，梅开二度，以184球的英超进球数打破了曼联队前锋韦恩·鲁尼保持的单一球队英超进球纪录。

与切尔西队的欧冠决赛，阿圭罗在第77分钟替补登场，未能拯救球队，终究还是没能在其曼城队生涯的最后一场比赛里夺得这座唯一缺少的奖杯。

曼城队虽然失去了阿圭罗，但并没有在2021年夏天进行对位引援，一直等到2022年1月，才签下了他的阿根廷同胞、绰号"小蜘蛛"的胡利安·阿尔瓦雷斯。

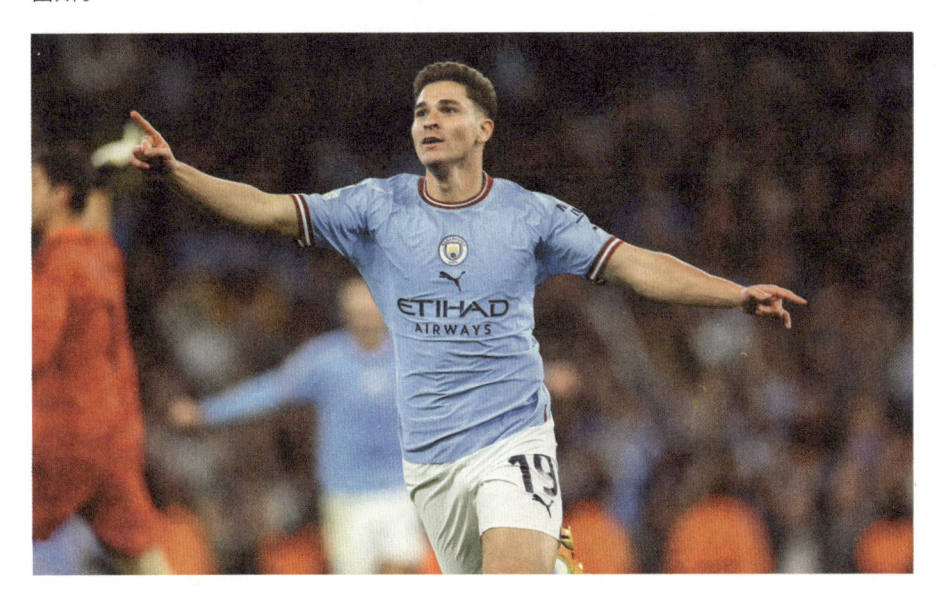

其实，曼城队并非不想引进前锋，经纪人豪尔赫·门德斯早已把C罗的名字放在了"蓝月"的办公桌上。在那时候，球队高层有一种感觉，那就是C罗会加盟曼城队。瓜迪奥拉还是很渴望一名证明过自己实力的射手加盟球队的，但是瓜迪

第七章 无比辉煌的"瓜氏王朝"

奥拉周围的一些人对此表示担忧。

不过，没等曼城队采取进一步的行动，受到刺激的曼联队就以最快速度敲定了C罗的回归。

曼城队在夏季转会窗口的主要补强，其实是在边路——斥资1亿英镑，从阿斯顿维拉队签下了杰克·格拉利什，这也打破了球队乃至整个英超的转会费纪录。但遗憾的是，他加盟球队的第一个赛季，表现并不是太出色。

贝尔纳多·席尔瓦在这个夏天也差点离开，但最终还是留了下来，而且被瓜迪奥拉安排到中路，发挥了至关重要的作用。

当然，曼城队的进攻核心依然是德布劳内。不过，德布劳内常常受到伤病困扰，欧冠决赛骨折，2021年举行的欧洲杯又脚踝受伤，真是祸不单行。一向擅长给队友助攻的他，直到2021年12月29日才送出了个人的英超新赛季首次助攻。

不过从那时开始，德布劳内便找回了状态，联赛里出场30次，一共打入15球，打破了职业生涯的联赛单赛季进球纪录，同时还送出8次助攻，最终获得了该赛季的英超赛季最佳球员！

此外，斯特林、马赫雷斯和菲尔·福登等攻击手都有不俗的发挥，曼城队屡屡上演进球好戏：5比0诺维奇队、5比0阿森纳队、7比0利兹联队、6比3莱斯特城队、5比1沃特福德队、5比0纽卡斯尔联队、5比1狼队。尤其是5比1击败狼队的比赛，德布劳内竟然上演"大四喜"！

38轮联赛结束，瓜迪奥拉的球队一共打入99球，距离"百球大关"只差一球，各项赛事则是正好打入150球。

然而和2018—2019赛季一样，利物浦队也咬得很紧，两队斗得难解难分，再次激战到最后一轮。

英超最后一轮，曼城队主场迎战阿斯顿维拉队，然而对手分别在第37分钟和第69分钟打入一球，"蓝月"竟然0比2落后！如果比赛按照这一比分结束，利物

02 射手王离队 英超两连冠

浦队又战胜了最后一轮的对手狼队，英超冠军就将属于利物浦队。

关键时刻，京多安挺身而出，在第76分钟扳回一球；2分钟之后，罗德里就将比分扳平；第81分钟，京多安完成梅开二度，曼城队最终上演3球大逆转，3比2惊险取胜的同时最终拿到93分，以1分优势力压利物浦队，成功卫冕英超冠军，这也是曼城队五年来第四次问鼎！

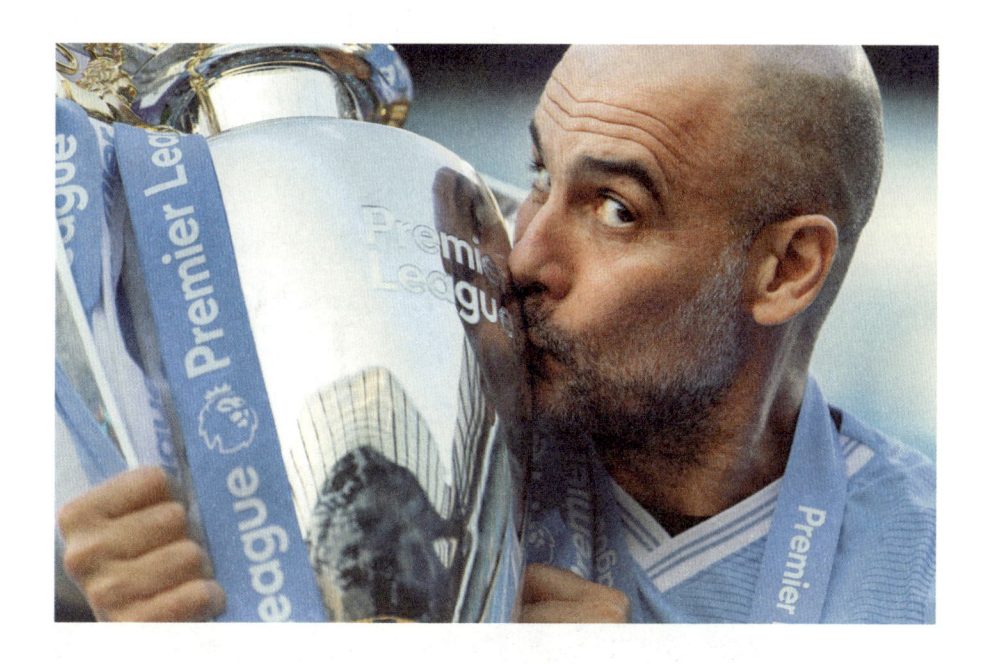

当然，曼城队非常希望能够在英超夺冠的同时再次打入欧冠决赛，冲击冠军，但属于"蓝月"的时刻似乎还没到来。

小组赛，"蓝月"遇到过一些麻烦，比如输给巴黎圣日耳曼队和莱比锡红牛队，但还是以小组头名的身份出线。1/8决赛，曼城队首回合就以5比0横扫葡萄牙体育队，奠定晋级的基础。1/4决赛遭遇难缠的对手马德里竞技队，瓜迪奥拉的球队也踢得沉稳老练，首回合在主场凭借德布劳内的进球1比0小胜，次回合在客场则牢牢守住0比0的比分，让对手徒呼奈何。

第七章 无比辉煌的"瓜氏王朝"

半决赛，曼城队与皇马队相逢。首回合，两队在伊蒂哈德球场上演进球大战：德布劳内传射建功为曼城队带来两球优势，卡里姆·本泽马为皇马队扳回一球；菲尔·福登下半场头球破门扩大领先优势，但2分钟后维尼修斯·儒尼奥尔又长途奔袭破门将差距缩小；第74分钟，贝尔纳多·席尔瓦射门得分，但第82分钟，本泽马又罚入点球完成双响。最终，曼城队4比3艰难取胜，占得先机。

次回合做客伯纳乌球场，曼城队由马赫雷斯率先打破僵局，将总比分扩大为5比3，形势一片大好！然而令人没有想到的是，皇马队的巴西边锋罗德里戈竟然连进两球，将总比分扳成5比5平，也将比赛拖入加时赛。

加时赛中，鲁本·迪亚斯犯下致命失误，本泽马点球破门，曼城队最终惨遭逆转，以5比6的总比分被淘汰出局，无缘欧冠决赛！这场失利虽然给"蓝月"留下了巨大的遗憾，但也成为其前进的动力：来年，一定要报仇雪恨！

03

"魔人"降世
三连冠功成

英超历史上此前只有曼联队完成过三连冠，如今，曼城队成为第二支达成此成就的球队。

第七章 无比辉煌的"瓜氏王朝"

曼城队的阵容实力无疑已经相当强大,但并非没有软肋,比如锋线把握机会的能力仍然需要提高,后防线在面对压力时容易出现失误,需要进一步夯实。所以在2022年夏天,瓜迪奥拉也进行了有针对性的补强。

曼城队队长、巴西后腰费尔南迪尼奥走了,曼城队引进了卡尔文·菲利普斯,作为罗德里的替补;乌克兰左后卫奥列克桑德·津琴科也走了,西班牙左中卫拉波特被放上替补席,取而代之的则是瑞士球员曼努埃尔·阿坎吉。

最重要的,当数前锋位置上的重大变化。"蓝月"将热苏斯和斯特林同时放走,然后从德甲的多特蒙德队以5120万英镑签下了欧洲足坛当红的"锋线杀手"、挪威中锋埃尔林·哈兰德!

03 "魔人"降世 三连冠功成

哈兰德在德甲表现相当惊艳，吸引了众多欧洲豪门球队的目光，但他最终选择了曼城队，瓜迪奥拉在其中起到很大作用。"我从未因为教练而选择加盟一支球队，但是瓜迪奥拉在曼城队是一大加分项，他是世界最佳教练之一。"而另一个原因，就是他的父亲阿尔夫-因格·哈兰德曾在曼城队效力，父亲也希望他能够加盟自己的老东家。

哈兰德和曼城队的结合，无疑是"天作之合"，他几乎不需要时间就迅速融入了球队，迅速适应了英超的节奏。

2022—2023赛季首轮，哈兰德上演英超首秀，就两次攻破西汉姆联队的球门。第4轮对阵水晶宫队，他上演英超生涯的首个帽子戏法！更不可思议的是，第5轮面对诺丁汉森林队，哈兰德竟然连场"戴帽"！

10月2日的曼彻斯特德比，曼城队在主场6比3大胜曼联队。哈兰德又打入3球，成为英超历史上第一位连续3个主场都完成帽子戏法的球员，也是英超历史上最快完成前3个帽子戏法的球员——仅用了8场比赛，而之前的纪录保持者迈克

第七章 无比辉煌的"瓜氏王朝"

尔·欧文，用了48场比赛！

别忘了，在这场举世瞩目的德比大战里，哈兰德还送出2次助攻。他独造5球，彻底成为曼联队的噩梦。

等到12月28日对阵利兹联队梅开二度之后，哈兰德已经打入个人联赛20球，仅用了14场比赛，成为英超历史上最快达到20球里程碑的球员。而不到一个月之后，他又上演了本赛季的第4个帽子戏法，以19场25球的成绩成为英超历史上最快打入25球的球员。

哈兰德不仅在英超赛场上所向披靡，还多线开花。加盟曼城队的欧冠首秀，他就在对阵塞维利亚队的比赛中梅开二度，小组赛第二轮又攻破老东家多特蒙德队的球门，第三轮面对哥本哈根队再次梅开二度，前3轮就打入5球。

03 "魔人"降世 三连冠功成

最令人震撼的是，欧冠1/8决赛曼城队主场迎战莱比锡红牛队，哈兰德打入5球，上演"五子登科"，追平由利昂内尔·梅西和巴西前锋路易斯·阿德里亚诺保持的欧冠时代球员在正赛中的单场进球纪录。至此，哈兰德在本赛季的各项赛事中已经打入39球，打破了汤米·约翰逊在1928—1929赛季创造的曼城队球员单赛季历史进球纪录（38球）。

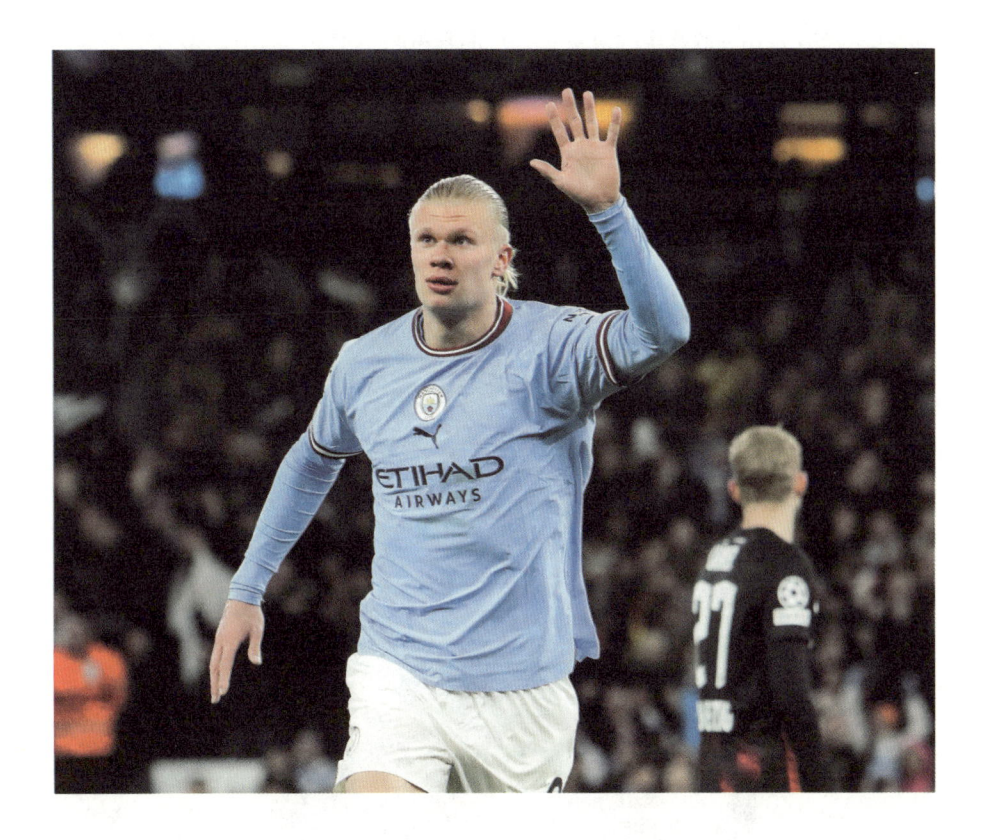

此时，时间才刚刚来到2023年3月。仅仅4天之后，哈兰德就在足总杯对阵伯恩利队的比赛中第6次上演帽子戏法，成为曼城队历史上第一位单赛季进球数突破40球的球员！

4月11日，曼城队在欧冠1/4决赛面对拜仁慕尼黑队，哈兰德贡献一球，其赛

第七章 无比辉煌的"瓜氏王朝"

季总进球数已经达到45球，打破了由曼联队名宿鲁德·范尼斯特鲁伊和利物浦队边锋萨拉赫共同保持的英超球员单赛季历史进球纪录（44球）。

4月30日，"蓝月"在英超第34轮2比1击败富勒姆队，哈兰德打入一球，本赛季各项赛事的进球总数达到50球，让人叹为观止。3天之后，他在对阵西汉姆联队的比赛中再进一球，以35球打破了由英格兰名宿阿兰·希勒和安迪·科尔共同保持的英超球员在联赛中的单赛季历史进球纪录（34球）。

最终，哈兰德在英超出场35次，攻进36球，毫无悬念地荣获2022—2023赛季的英超金靴奖。瓜迪奥拉终于用实际行动打破了人们一直以来的质疑："谁说我不会用大中锋的？"而德布劳内则送出16次助攻，荣膺英超助攻王。

有了哈兰德与德布劳内，曼城队在联赛里自然是一往无前，38轮取得28胜5平5负的成绩，打入94球，以5分优势击败阿森纳队，实现英超三连冠！

英超历史上此前只有曼联队完成过三连冠，如今，曼城队成为第二支达成此

03 "魔人"降世　三连冠功成

成就的球队。放眼自1888年以来的整个英格兰顶级足球联赛历史，曼城队则追上了哈德斯菲尔德镇队、阿森纳队、利物浦队和曼联队的脚步，成为第五支实现顶级足球联赛三连冠的球队。

04

欧冠终圆梦
三冠铸伟业

三冠铸伟业，曼城队达到了建队一百多年以来的最高峰。

04 欧冠终圆梦 三冠铸伟业

英超三连冠的成就已经非常伟大，但曼城队没有时间庆祝，因为还有两场决赛在等着"蓝月"，"三冠王"的伟业近在眼前了！

足总杯赛场，曼城队接连淘汰切尔西队、阿森纳队、布里斯托尔城队、伯恩利队和谢菲尔德联队，与曼联队会师决赛。

2023年6月3日，决赛在温布利球场打响。开场不到1分钟，京多安就闪击得手。虽然布鲁诺·费尔南德斯点球为曼联队扳平比分，但这一天注定是属于京多安的，他在下半场再入一球，帮助"蓝月"2比1取胜，"双冠王"任务达成！

第七章 无比辉煌的"瓜氏王朝"

欧冠赛场上,"蓝月"在小组赛阶段完胜塞维利亚队、多特蒙德队和哥本哈根队,4胜2平保持不败,轻松地以小组头名出线。1/8决赛面对德甲劲旅莱比锡红牛队,瓜迪奥拉的球队虽然首回合1比1战平,但次回合回到伊蒂哈德球场取得了7比0的大胜,强势晋级!

到了1/4决赛,曼城队迎来了真正的考验,对手是拜仁慕尼黑队。不过首回合的比分就让人感到意外,主场作战的"蓝月"摧枯拉朽般地以3比0完胜对手!这场大胜,也让次回合沦为过场,一场1比1的平局,没有逆转,没有意外。

半决赛,曼城队又遇到了皇马队。这已经是两支球队四年里第三次在欧冠淘汰赛交锋了,上赛季,"蓝月"在首回合获胜的情况下惨遭对手逆转,无缘决赛。现在,"复仇"的机会终于来了!

首回合较量在伯纳乌球场举行,皇马队的巴西边锋维尼修斯打破僵局,不过

04 欧冠终圆梦 三冠铸伟业

第67分钟，爱德华多·卡马文加的传球被罗德里拦截，格拉利什与京多安组织进攻并吸引对方大多数防守球员，京多安在空隙中将球传给无人盯防的德布劳内，德布劳内在禁区外远射将比分扳平。

1比1的比分，瓜迪奥拉能够接受，因为欧冠已经取消了客场进球的规则，然而即便是再乐观的曼城队球迷，恐怕也不会想到第二回合的最终比分。

"蓝月"竟然在伊蒂哈德球场4比0横扫皇马队！贝尔纳多·席尔瓦头顶脚踢梅开二度，成为大胜的头号功臣，阿坎吉头球制造巴西中卫埃德尔·米利唐的乌龙球，替补登场的阿尔瓦雷斯也有一球入账。这样一来，曼城队成功"复仇"，以5比1的总比分淘汰对手，三年内第二次晋级欧冠决赛。

第七章 无比辉煌的"瓜氏王朝"

两年前,曼城队在欧冠决赛中以一球憾负切尔西队,无缘冠军;两年后,曼城队的对手换成了国际米兰队。比赛时间是2023年6月10日,也就是足总杯决赛结束的7天之后。

两队都无可争议地派出了最强阵容。瓜迪奥拉用的还是"3241"阵形,埃德森出任门将,鲁本·迪亚斯搭档阿克、阿坎吉组成三中卫,斯通斯客串后腰与罗德里并肩,格拉利什和贝尔纳多·席尔瓦司职边路,中路有京多安和德布劳内,哈兰德出任单前锋!国际米兰队主帅西蒙尼·因扎吉则针锋相对地摆出"352"阵形,稳固防守之余,进攻端也暗藏杀机。

比赛开始后,曼城队展示出了超强的压迫性和侵略性,国际米兰队的禁区内一度风声鹤唳。不过国际米兰队防守也确实非常强,在逐渐适应了曼城队的前场紧逼之后,也开始利用中场疯狂绞杀对手。

第36分钟,曼城队不得不面对被动局面——德布劳内由于受伤无法坚持,主动要求换人,重蹈两年前决赛伤退的覆辙!瓜迪奥拉在无奈之下,只能用菲

04 欧冠终圆梦 三冠铸伟业

尔·福登将其换下。上半场比赛结束前，阿坎吉在禁区外围一脚远射打偏，双方带着0比0的比分结束了上半场比赛。

0比0的比分，对于曼城队是压力，对于国际米兰队是鼓舞，对于瓜迪奥拉则是一种折磨，在损失了德布劳内之后，曼城队前场的混乱进攻以及后场的频频失误更是让其在场边坐立不安。

下半场，"蓝月"陷入险境，差点先丢一球——阿坎吉回传失误，阿根廷前锋劳塔罗·马丁内斯获得单刀球机会，所幸埃德森发挥神勇，将他的射门化解。虽然没有丢球，但异常紧张的瓜迪奥拉在场边吓得直接跪下了。

不过，面对国际米兰队铜墙铁壁般的防守，曼城队并未放弃。第68分钟，阿坎吉在禁区外送出直塞球，贝尔纳多·席尔瓦得球后下底倒三角回传，球碰到对手后卫之后落到禁区中路，跟上的罗德里一脚推射，球直接飞入网窝，1比0！曼城队终于进球了。

第七章 无比辉煌的"瓜氏王朝"

重新开球之后，国际米兰队奋起直追，眼看就要扳平：费代里科·迪马尔科第一次头球击中球门横梁，第二次头球被站在门前的队友罗梅卢·卢卡库挡住！不得不说，这位曾经效力曼联队的比利时中锋化身后卫，真的帮了曼城队一把。

第88分钟，卢卡库差点完成自我救赎，不过他近在咫尺的头球，被埃德森用腿挡出。埃德森的一次次扑救，断绝了国际米兰队扳平的希望。最终，曼城队1比0力克对手，终于夺得了球队历史上的第一座欧冠冠军奖杯！

英超、足总杯、欧冠，三大赛事尽皆登顶，曼城队加冕"三冠王"，成为继1998—1999赛季的曼联队之后，又一支加冕单赛季三大赛事"三冠王"的英格兰球队，也是欧洲足坛历史上第十支"三冠王"球队、五大联赛历史上第七支"三冠王"球队，真正屹立于欧洲顶级豪门球队的殿堂中！

曼苏尔和阿布扎比财团在收购曼城队15年之后，终于实现了问鼎欧冠的最大

04 欧冠终圆梦 三冠铸伟业

愿望，而瓜迪奥拉也终于收获执教曼城队的首个欧冠冠军，证明了自己即便离开巴萨队，也依然能捧起欧冠奖杯。

哈兰德在11场欧冠比赛里攻进12球，荣获本赛季的欧冠最佳射手，各项赛事共计53场52球，一举包揽英超、欧冠和欧洲三大金靴奖，并成功当选2022—2023赛季的欧足联年度最佳球员，成为曼城队历史上第一位获此殊荣的球员。

三冠铸伟业，曼城队达到了建队一百多年以来的最高峰。此时此刻，不仅曼彻斯特的天空是蓝色的，整个欧洲足坛的天空也都是蓝色的！

05

英超四连冠
历史第一队

曼城队完成了英超四连冠，成为英超乃至整个英格兰顶级足球联赛历史上第一支达成这一成就的球队，前无古人！

05 英超四连冠 历史第一队

"三冠王"的旷世伟业已经完成,曼城队还有没有动力继续追逐更多的冠军?答案是肯定的。

这一点从转会市场上就看得出来。没能和京多安续约是巨大的遗憾,马赫雷斯、拉波特也远赴沙特阿拉伯。但曼苏尔继续加大投入,引进了克罗地亚后卫约什科·格瓦迪奥尔和中场马特奥·科瓦契奇,比利时边锋热雷米·多库,以及葡萄牙中场马特乌斯·努内斯,总支出超过两亿英镑,毕竟曼城队还是需要多条战线同时争冠。

新赛季的首场比赛,曼城队在社区盾杯对阵上赛季英超亚军阿森纳队。小将科尔·帕尔默攻入了曼城队的赛季首球,可惜伤停补时第11分钟时被对手打入绝平球。最终,瓜迪奥拉的球队在点球大战中落败,提前宣告无缘"六冠王"。

2023—2024赛季英超首轮,曼城队再遭打击:德布劳内开场23分钟就受伤离场,这次重伤让他缺席了近5个月的时间!

否极泰来,"蓝月"在欧洲超级杯上点球战胜"欧联之王"塞维利亚队,夺得赛季首冠。帕尔默再次爆发,攻入扳平球。不过在9月1日,他以4000万英镑的转会费"压哨"转投切尔西队。

曼城队在英超取得开局6连胜,欧冠小组赛也迎来开门红,看起来非常顺利。然而联赛杯第3轮,"蓝月"0比1不敌纽卡斯尔联队,遭遇一轮游。雪上加霜的是,由于罗德里在英超第6轮被红牌罚下,停赛3场,曼城队客场1比2负于狼队,客场0比1输给阿森纳队,遭遇英超两连败!

第七章 无比辉煌的"瓜氏王朝"

等到第15轮，罗德里又因为累计5张黄牌而缺席了对阵阿斯顿维拉队的比赛，曼城队又在客场0比1落败，由此可见这位西班牙后腰对于这支球队的重要性。

不过，这些就是本赛季曼城队在英超里的全部3场失利了。从那之后，"蓝月"迎来一波各项赛事常规时间的35场不败，包括在国际足联俱乐部世界杯半决赛中3比0击败日本的浦和红钻队、决赛4比0大胜巴西的弗鲁米嫩塞队，夺得赛季第二冠。

2024年1月13日，英超第21轮，德布劳内终于在联赛中复出，结果替补出场5分钟就破门得分，最终通过一传一射帮助球队逆转绝杀纽卡斯尔联队，也正式吹响了曼城队与利物浦队、阿森纳队争冠的号角。

对英超冠军的争夺战况愈演愈烈。第27轮，曼城队主场3比1战胜曼联队，完成对同城死敌的"双杀"。而接下来的两场英超比赛，"蓝月"又接连战平利物浦队和阿森纳队，虽然暂列积分榜第三，但仅仅落后榜首的利物浦队3分。

170

05 英超四连冠 历史第一队

第33轮比赛，英超形势发生重大变化。曼城队5比1大胜卢顿队，而利物浦队0比1不敌水晶宫队，阿森纳队0比2负于阿斯顿维拉队，双双礼让三分！这样一来，瓜迪奥拉的球队就以2分优势反超，登上积分榜榜首！

但是，2分优势并不保险，英超倒数第二场比赛，曼城队就险些葬送领先优势：第86分钟，阿坎吉出现失误，热刺队的韩国前锋孙兴慜获得单刀球机会，所幸门将斯特凡·奥尔特加用腿将球挡出，否则一旦被对手扳平比分，形势就将发生逆转！

最后一轮对阵西汉姆联队，曼城队只要取胜就肯定夺冠。开场仅80秒，菲尔·福登就远射得分，第18分钟他又完成梅开二度。虽然对手在第42分钟扳回一球，但第59分钟，罗德里推射破门，彻底锁定胜局！

曼城队完成了英超四连冠，成为英超乃至整个英格兰顶级足球联赛历史上第一支达成这一成就的球队，前无古人！

第七章 无比辉煌的"瓜氏王朝"

这是曼城队历史上的第10个顶级联赛冠军、第8个英超冠军，也是瓜迪奥拉的第6个英超冠军。

英超时代，曼城队的联赛冠军数仅次于曼联队（13个），比排名第三的切尔西队（5个）多3个。最近的7个赛季，"蓝月"6次夺冠，仅在2019—2020赛季被利物浦队打破垄断。此前，阿斯顿维拉队、利物浦队、曼联队都只做到了7年5冠。

埃德森、沃克、斯通斯、德布劳内、贝尔纳多·席尔瓦和菲尔·福登都跟随瓜迪奥拉获得了个人的第6块英超冠军奖牌，本赛季菲尔·福登在联赛中贡献了19球、8次助攻，被评为英超官方和英格兰足球记者协会的双料赛季最佳球员。而哈兰德虽然表现不如上赛季，但依然以27球蝉联英超金靴奖。

不过，阿森纳队在本赛季占据积分榜榜首长达76天，仅比曼城队少2天，若非瓜迪奥拉的球队在冲刺阶段取得9连胜，阿森纳队真的有机会拿到20年来的第一个英超冠军。

可惜的是，曼城队未能复制"三冠王"成就或者完成"四冠王"伟业。欧冠赛场上，曼城队在小组赛6战全胜强势出线，1/8决赛也轻松"双杀"哥本哈根队，没想到1/4决赛，又碰到了老冤家皇马队！

第一回合，两队在伯纳乌球场上演进球大战。贝尔纳多·席尔瓦任意球破门为曼城队取得领先，但鲁本·迪亚斯不幸自摆乌龙；维尼修斯助攻罗德里戈为皇马队反超比分，菲尔·福登破门扳平比分；格瓦迪奥尔轰入"世界波"，曼城队再度领先，不过皇马队还是由费德里科·巴尔韦德打入一球，最终两队3比3握手言和。

首回合客场战平，与上赛季如出一辙，那么曼城队还能在主场取得大胜吗？很可惜，两队鏖战120分钟，比分是1比1，最终只能进入残酷的点球大战。而埃德森虽然扑出了卢卡·莫德里奇的点球，但贝尔纳多·席尔瓦和科瓦契奇相继罚

05 英超四连冠 历史第一队

丢，"蓝月"只能接受出局的苦果。

曼城队本赛季的最后一场比赛，是对阵曼联队的足总杯决赛，这也是曼联队主帅埃里克·滕哈赫拯救自己帅位的最后机会。滕哈赫和瓜迪奥拉在拜仁慕尼黑队有过合作，而这场决赛，曼联队也爆发出许久未见的战斗力，最终2比1取胜夺冠。

在2023—2024赛季，曼城队虽然未能复制上赛季的伟业，但其实也加冕了"三冠王"：英超、欧洲超级杯和国际足联俱乐部世界杯的冠军。而且整个赛季球队一共踢了59场比赛，只输了7场，虽然不算十全十美，但依然是非常成功的。

06

辉煌王朝
数据为证

八年间,瓜迪奥拉为"蓝月"获得了17项重要荣誉,延续了他作为球队有史以来最成功的主教练的纪录。

06 辉煌王朝 数据为证

时间来到2024年7月，转眼间，瓜迪奥拉正式执教曼城队已经八年之久，在完成史无前例的英超四连冠之后，他打造的这支王朝球队创下了无数的辉煌纪录。

八年间，瓜迪奥拉为"蓝月"获得了17项重要荣誉，延续了他作为球队有史以来最成功的主教练的纪录。

他一共率队夺得了六个英超冠军，是英格兰历史上夺冠次数第二多的主教练，仅次于曼联队的弗格森。而八个赛季里，曼城队只有两个赛季没有获得英超冠军。

第七章 无比辉煌的"瓜氏王朝"

曼城队在这八年的304场比赛中总计获得了716分，同期比排名第二的利物浦队多出59分，比排名第三的阿森纳队多出149分。瓜迪奥拉的曼城队在英超的单赛季平均得分为89.5分，2017—2018赛季更是创造了100分的神奇纪录，而且比第二名曼联队多出19分。

在瓜迪奥拉的带领下，曼城队在4个赛季里获得至少90分，这是英超历史上其他球队都未曾取得过的成绩，利物浦队、切尔西队和曼联队仅3个赛季取得过，阿森纳队则只有1个。而在瓜迪奥拉来到英格兰之前，英超历史上仅有6次达到90分，其中一次还是在英超单赛季有42轮的时期。

瓜迪奥拉的曼城队在304场英超比赛中取得了225场胜利，比其他任何英超球队在同期取得的胜利都至少多出29场，胜率高达74%！其中有119场胜利是在伊蒂哈德球场取得的，比排名第二的利物浦队多出7场主场胜利。曼城队也是八年来唯一客场胜利超过100场的球队——106胜。

至于失利场次，则仅有38场，是过去八年中在英超征战超过两个赛季的所有球队里失利场次最少的。

正如瓜迪奥拉一直追求的那样，曼城队的进球效率相当惊人，304场英超比赛一共打入755球，同期比排名第二的利物浦队多出96球！"蓝月"也拥有英超最出色的防守，304场比赛只丢249球，同期只有利物浦队的场均丢球数也少于一球，但利物浦队一共丢了291球。这样一来，曼城队在过去8个赛季的英超里坐拥506个净胜球，大大超出联赛中的其他球队，利物浦队则以368个净胜球排名第二。

此外，曼城队在8个赛季的英超里场均控球率为66.79%，这意味着其在球场上有超过三分之二的时间都在控制着球权。瓜迪奥拉的球队一共在英超完成了184 204次传球，平均每个赛季约23 026次，平均每场比赛约606次，这些数据都是同期最多的。

06 辉煌王朝 数据为证

　　由此可见，瓜迪奥拉的曼城队已经是英超乃至整个英格兰顶级足球联赛历史上最具统治力的球队之一，而接下来，他还将带领曼城队向着更多的成就、更大的辉煌迈进，直到未来自己离开曼城队的那一天。

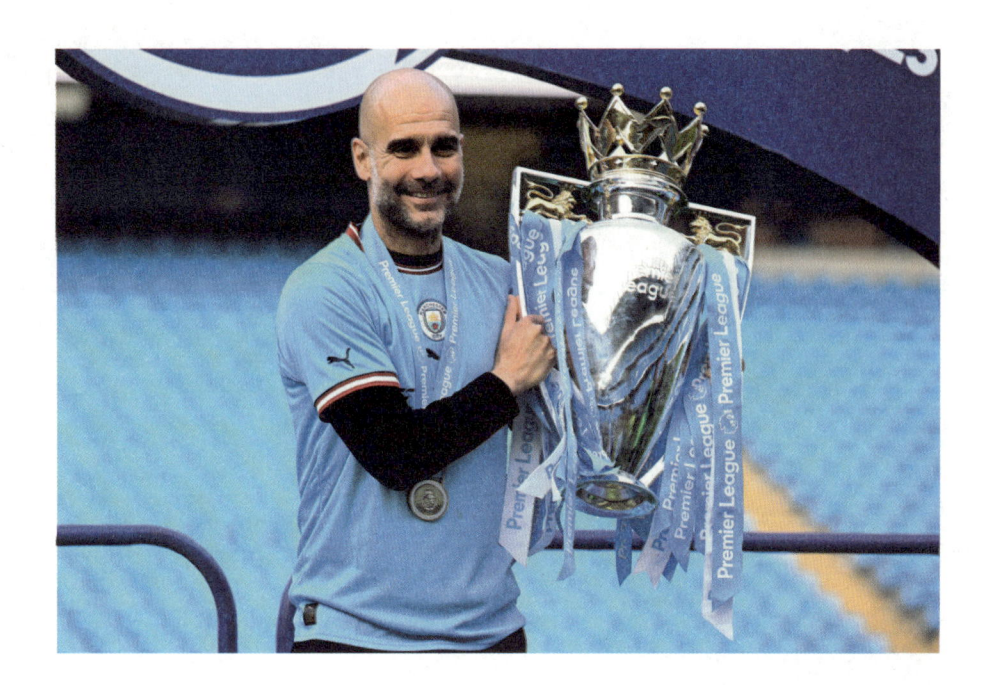

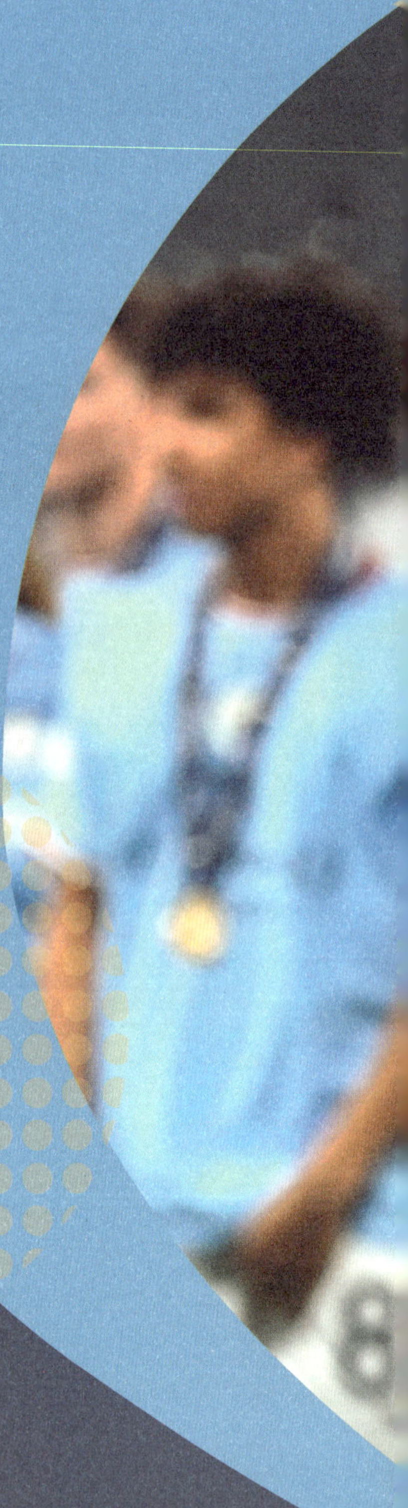

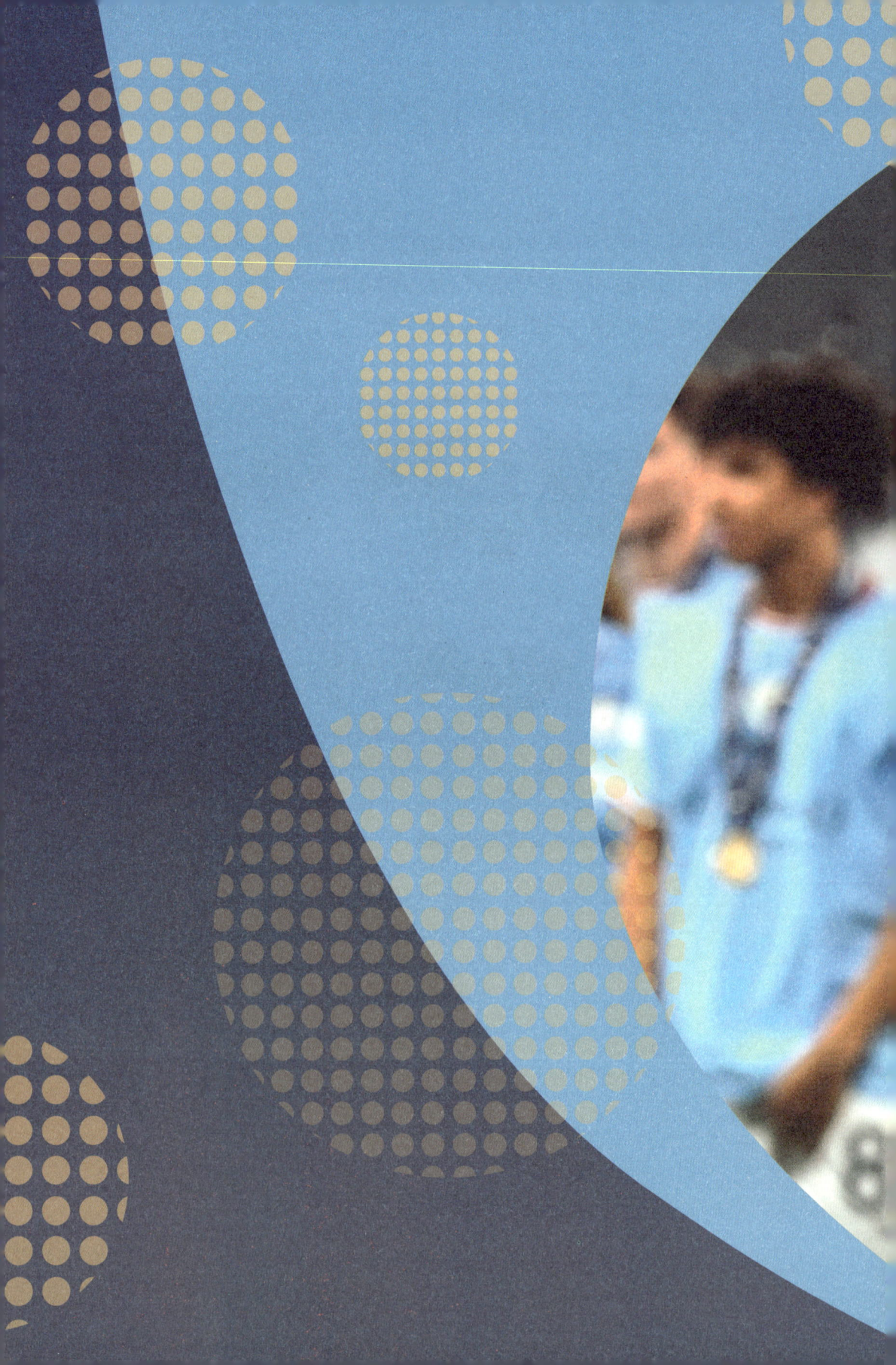

荣耀殿堂

对于任何一支球队来说，在浩瀚的历史长河中，都会诞生很多荣耀。传奇球星、经典比赛、辉煌时刻……这些荣耀，是球迷津津乐道的话题，也是难以忘怀的回忆。

50大球星

1. 塞尔希奥·阿圭罗

出生日期：1988年6月2日

效力年份：2011—2021年

主要球衣号码：10号、16号

数据：390场260球

球队荣誉：5次英超冠军、1次足总杯冠军、6次联赛杯冠军、3次社区盾杯冠军

个人荣誉：1次英超金靴奖

2. 大卫·席尔瓦

出生日期：1986年1月8日

效力年份：2010—2020年

主要球衣号码：21号

数据：436场77球

球队荣誉：4次英超冠军、2次足总杯冠军、5次联赛杯冠军、3次社区盾杯冠军

个人荣誉：1次英超助攻王

文森特·孔帕尼

出生日期：1986年4月10日

效力年份：2008—2019年

主要球衣号码：4号、33号

数据：338场20球

球队荣誉：4次英超冠军、2次足总杯冠军、4次联赛杯冠军、2次社区盾杯冠军

个人荣誉：1次英超赛季最佳球员

凯文·德布劳内

出生日期：1991年6月28日

效力年份：2015年开始

主要球衣号码：17号

数据：382场102球

球队荣誉：1次欧冠冠军、6次英超冠军、2次足总杯冠军、5次联赛杯冠军、1次社区盾杯冠军、1次国际足联俱乐部世界杯冠军

个人荣誉：2次英超赛季最佳球员、4次英超助攻王

50大球星

科林·贝尔

出生日期：1946年2月26日

效力年份：1966—1979年

主要球衣号码：6号、8号

数据：501场153球

球队荣誉：1次欧洲优胜者杯冠军、1次英甲冠军、1次足总杯冠军、2次联赛杯冠军、2次慈善盾杯冠军

埃尔林·哈兰德

出生日期：2000年7月21日

效力年份：2022年开始

主要球衣号码：9号

数据：98场90球

球队荣誉：1次欧冠冠军、2次英超冠军、1次足总杯冠军、1次欧洲超级杯冠军

个人荣誉：1次欧足联年度最佳球员、1次英超赛季最佳球员、1次欧洲金靴奖、1次欧冠金靴奖、2次英超金靴奖

出生日期：1983年5月13日

效力年份：2010—2018年

主要球衣号码：42号

数据：292场81球

球队荣誉：3次英超冠军、1次足总杯冠军、3次联赛杯冠军、1次社区盾杯冠军

个人荣誉：4次非洲足球先生

出生日期：1985年5月4日

效力年份：2013—2022年

主要球衣号码：25号

数据：383场26球

球队荣誉：5次英超冠军、1次足总杯冠军、6次联赛杯冠军、2次社区盾杯冠军

183

50大球星

9

伯特·特劳特曼

出生日期：1923年10月22日

效力年份：1949—1964年

主要球衣号码：1号

数据：545场

球队荣誉：1次足总杯冠军

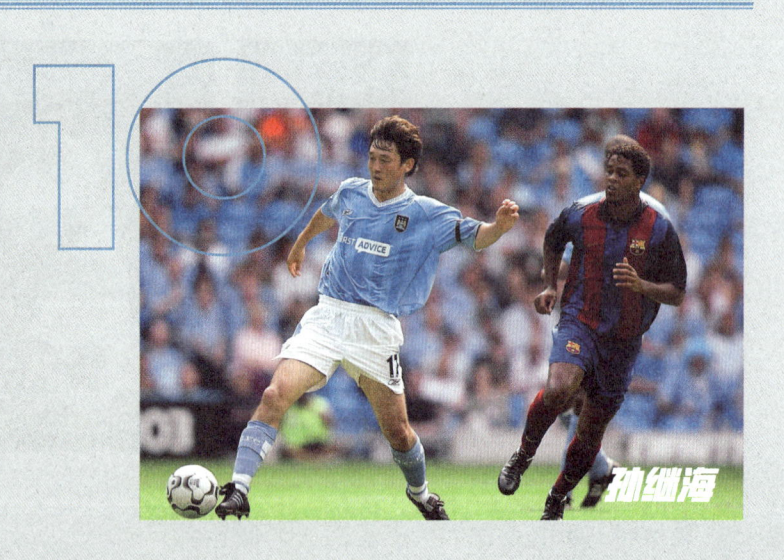

10

孙继海

出生日期：1977年9月30日

效力年份：2002—2008年

主要球衣号码：17号

数据：151场4球

11

比利·梅雷迪斯

出生日期：1874年7月30日

效力年份：1894—1906年、1921—1924年

数据：394场152球

球队荣誉：1次足总杯冠军

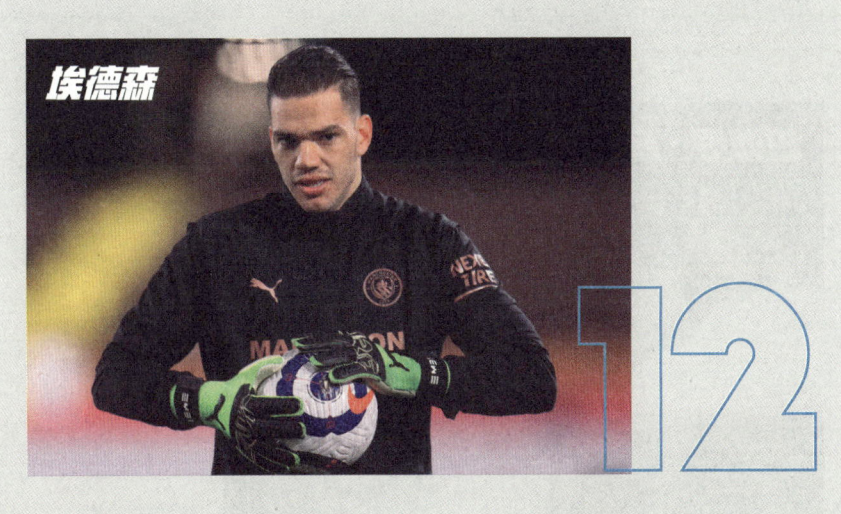

12

埃德森

出生日期：1993年8月17日

效力年份：2017年开始

主要球衣号码：31号

数据：332场

球队荣誉：1次欧冠冠军、6次英超冠军、2次足总杯冠军、4次联赛杯冠军、2次社区盾杯冠军、1次欧洲超级杯冠军、1次国际足联俱乐部世界杯冠军

个人荣誉：3次英超金手套奖、1次国际足联年度最佳门将

50大球星

乔·哈特 13

出生日期：1987年4月19日

效力年份：2006—2018年

主要球衣号码：1号、25号

数据：348场

球队荣誉：2次英超冠军、1次足总杯冠军、2次联赛杯冠军

个人荣誉：4次英超金手套奖

巴勃罗·萨巴莱塔 14

出生日期：1985年1月16日

效力年份：2008—2017年

主要球衣号码：5号

数据：333场12球

球队荣誉：2次英超冠军、1次足总杯冠军、2次联赛杯冠军、1次社区盾杯冠军

埃丁·哲科

15

出生日期：1986年3月17日

效力年份：2011—2016年

主要球衣号码：10号

数据：189场72球

球队荣誉：2次英超冠军、1次足总杯冠军、1次联赛杯冠军、1次社区盾杯冠军

16

乌韦·罗斯勒

出生日期：1968年11月15日

效力年份：1994—1998年

主要球衣号码：12号、28号

数据：165场64球

50大球星

贝尔纳多·席尔瓦 17

出生日期：1994年8月10日

效力年份：2017年开始

主要球衣号码：20号

数据：355场66球

球队荣誉：1次欧冠冠军、6次英超冠军、2次足总杯冠军、4次联赛杯冠军、2次社区盾杯冠军、1次国际足联俱乐部世界杯冠军

肖恩·赖特-菲利普斯 18

出生日期：1981年10月25日

效力年份：1999—2005年、2008—2011年

主要球衣号码：8号、29号

数据：275场47球

球队荣誉：1次足总杯冠军

19

肖恩·戈特

出生日期：1970年2月25日

效力年份：1998—2003年

主要球衣号码：10号

数据：212场103球

20

尼尔·扬

出生日期：1944年2月17日

效力年份：1961—1972年

主要球衣号码：7号、9号、10号、11号

数据：413场108球

球队荣誉：1次欧洲优胜者杯冠军、1次英甲冠军、1次足总杯冠军、1次联赛杯冠军、1次慈善盾杯冠军

50大球星

21 弗朗西斯·李

22 麦克·萨默比

23 埃里克·布鲁克

24 罗德里

25 卡洛斯·特维斯

26 凯尔·沃克

27 伊尔卡伊·京多安

28 迈克·多伊尔

29 彼得·多尔蒂

30 阿兰·奥克斯

31 格林·帕多

32 汤米·约翰逊

33 托尼·布克

34 弗兰克·斯威夫特

35 汤米·布斯

36
乔·科里根

37
乔泽尔·金克拉泽

38
尼尔·奎因

39
理查德·邓恩

40
阿里·贝纳比亚

41
保罗·迪科夫

42
大卫·怀特

43
戴夫·尤因

44
肯·巴恩斯

45
鲁本·迪亚斯

46
若昂·坎塞洛

47
萨米尔·纳斯里

48
萨姆·科万

49
保罗·拉克

50
斯蒂芬·爱尔兰

队史最佳阵容

主力阵容
（"442"阵形）

门将：伯特·特劳特曼
后卫：凯尔·沃克、文森特·孔帕尼、鲁本·迪亚斯、若昂·坎塞洛
中场：罗德里、亚亚·图雷、凯文·德布劳内、大卫·席尔瓦
前锋：埃尔林·哈兰德、塞尔希奥·阿圭罗

替补阵容
（"433"阵形）

门将：埃德森
后卫：巴勃罗·萨巴莱塔、约翰·斯通斯、理查德·邓恩、格林·帕多
中场：贝尔纳多·席尔瓦、伊尔卡伊·京多安、科林·贝尔
前锋：麦克·萨默比、埃里克·布鲁克、弗朗西斯·李

历届英超积分排名

赛季	总场数	胜场数	平局场数	负场数	积分	排名
1992—1993	42	15	12	15	57	9
1993—1994	42	9	18	15	45	16
1994—1995	42	12	13	17	49	17
1995—1996	38	9	11	18	38	18
1996—1997	–	–	–	–	–	–
1997—1998	–	–	–	–	–	–
1998—1999	–	–	–	–	–	–
1999—2000	–	–	–	–	–	–
2000—2001	38	8	10	20	34	18
2001—2002	–	–	–	–	–	–
2002—2003	38	15	6	17	51	9
2003—2004	38	9	14	15	41	16
2004—2005	38	13	13	12	52	8
2005—2006	38	13	4	21	43	15
2006—2007	38	11	9	18	42	14
2007—2008	38	15	10	13	55	9
2008—2009	38	15	5	18	50	10
2009—2010	38	18	13	7	67	5
2010—2011	38	21	8	9	71	3
2011—2012	38	28	5	5	89	1
2012—2013	38	23	9	6	78	2
2013—2014	38	27	5	6	86	1
2014—2015	38	24	7	7	79	2
2015—2016	38	19	9	10	66	4
2016—2017	38	23	9	6	78	3
2017—2018	38	32	4	2	100	1
2018—2019	38	32	2	4	98	1
2019—2020	38	26	3	9	81	2
2020—2021	38	27	5	6	86	1
2021—2022	38	29	6	3	93	1
2022—2023	38	28	5	5	89	1
2023—2024	38	28	7	3	91	1

注：截至2023—2024赛季结束。1996—1997赛季至1999—2000赛季、2001—2002赛季，曼城队降级，未在英超征战。

冠军荣誉

本土赛事

顶级联赛冠军（10个）：
英甲（2个）：1936—1937赛季、1967—1968赛季。
英超（8个）：2011—2012赛季、2013—2014赛季、2017—2018赛季、2018—2019赛季、2020—2021赛季、2021—2022赛季、2022—2023赛季、2023—2024赛季。

足总杯（7个）：1903—1904赛季、1933—1934赛季、1955—1956赛季、1968—1969赛季、2010—2011赛季、2018—2019赛季、2022—2023赛季。

联赛杯（8个）：1969—1970赛季、1975—1976赛季、2013—2014赛季、2015—2016赛季、2017—2018赛季、2018—2019赛季、2019—2020赛季、2020—2021赛季。

社区盾杯（含慈善盾杯，6个）：1937年、1968年、1972年、2012年、2018年、2019年。

欧洲赛事

欧冠（1个）：2022—2023赛季。
欧洲优胜者杯（1个）：1969—1970赛季。
欧洲超级杯（1个）：2023年。

洲际赛事

国际足联俱乐部世界杯（1个）：2023年。

纪录盘点

冠军纪录

1.1903—1904赛季，获得队史首个足总杯冠军。

2.1936—1937赛季，获得队史首个顶级联赛冠军。

3.1937年，获得队史首个慈善盾杯（社区盾杯）冠军。

4.1969—1970赛季，获得队史首个联赛杯冠军。

5.1969—1970赛季，获得队史首个欧洲赛事冠军（欧洲优胜者杯）。

6.2011—2012赛季，获得队史首个英超冠军。

7.2022—2023赛季，获得队史首个欧冠冠军，同时队史首次加冕英超、足总杯、欧冠"三冠王"。

8.2023—2024赛季，实现英超四连冠，成为英格兰顶级足球联赛历史上首支实现四连冠的球队。

比分纪录

1.最大比分赢球

顶级联赛：2019年9月21日，曼城队8比0沃特福德队。

足总杯：1890年10月4日，曼城队12比0利物浦斯坦利队。

欧冠：2019年3月12日，曼城队7比0沙尔克04队。

2023年3月14日，曼城队7比0莱比锡红牛队。

2.最大比分输球

顶级联赛：1906年9月3日，曼城队1比9埃弗顿队。

1933年12月23日，曼城队0比8狼队。

足总杯：1897年1月30日，曼城队0比6普雷斯顿队。

1946年1月30日，曼城队2比8布拉德福德队。

欧冠：2016年10月19日，曼城队0比4巴萨队。

进球纪录

单赛季球队进球纪录： 2018—2019赛季，169球。

单赛季个人进球纪录： 埃尔林·哈兰德，2022—2023赛季，52球。

历史出场榜

排名	姓名	出场数
1	阿兰·奥克斯	676
2	乔·科里根	602
3	迈克·多伊尔	563
4	伯特·特劳特曼	545
5	科林·贝尔	501
6	埃里克·布鲁克	493
7	汤米·布斯	487
8	麦克·萨默比	452
9	保罗·鲍尔	436
9	大卫·席尔瓦	436
11	威利·汤奈彻	431
12	尼尔·扬	413
13	厄尼·托斯兰	411
14	萨姆·科万	407
15	比利·梅雷迪斯	394
16	塞尔希奥·阿圭罗	390
17	费尔南迪尼奥 *	383
18	凯文·德布劳内 *	382
19	格林·帕多	380
19	伊恩·布赖特韦尔	380

历史进球榜

排名	姓名	进球数
1	塞尔希奥·阿圭罗	260
2	埃里克·布鲁克	177
3	汤米·约翰逊	166
4	科林·贝尔	153
5	比利·梅雷迪斯	152
5	乔·海耶斯	152
7	弗朗西斯·李	148
8	汤米·布罗威尔	139
9	比利·吉莱斯皮	132
9	弗雷德·泰尔森	132
11	拉希姆·斯特林 *	131
12	亚历克·赫德	126
13	霍勒斯·巴恩斯	125
14	弗兰克·罗伯茨	124
15	丹尼斯·图尔特	109
16	尼尔·扬	108
17	肖恩·戈特	103
18	凯文·德布劳内 *	102
19	大卫·怀特	96
20	加布里埃尔·热苏斯 *	95

注：标注 * 的为现役球员，本榜单仅取前 20 名。
数据截至 2023—2024 赛季结束。

历任主帅及荣誉

主帅	任期	荣誉
劳伦斯·福尔尼斯	1889—1893 年	
约书亚·帕尔比	1893—1895 年	
萨姆·奥梅罗德	1895—1902 年	
汤姆·马利	1902—1906 年	1 次足总杯冠军
哈里·纽鲍尔德	1906—1912 年	
厄内斯特·曼格纳尔	1912—1924 年	
大卫·阿什沃斯	1924—1925 年	
阿尔伯特·亚历山大	1925—1926 年	
皮特·霍吉	1926—1932 年	
威尔夫·维尔德	1932—1946 年	1 次英甲冠军、1 次足总杯冠军、1 次慈善盾杯冠军
萨姆·科万	1946—1947 年	
威尔夫·维尔德	1947 年	
乔克·汤姆森	1947—1950 年	
莱斯·麦克多瓦尔	1950—1963 年	1 次足总杯冠军
乔治·鲍塞尔	1963—1965 年	
乔·默瑟	1965—1971 年	1 次英甲冠军、1 次足总杯冠军、1 次联赛杯冠军、1 次慈善盾杯冠军、1 次欧洲优胜者杯冠军
马尔科姆·阿里森	1971—1973 年	1 次慈善盾杯冠军
约翰尼·哈特	1973 年	
托尼·布克	1973 年	
罗恩·桑德斯	1973—1974 年	
托尼·布克	1974—1979 年	1 次联赛杯冠军
马尔科姆·阿里森	1979—1980 年	
托尼·布克	1980 年	
约翰·邦德	1980—1983 年	
约翰·本森	1983 年	
比利·麦克尼尔	1983—1986 年	
吉米·弗里泽尔	1986—1987 年	
梅尔·马钦	1987—1989 年	
托尼·布克	1989 年	
霍华德·肯达尔	1989—1990 年	
皮特·里德	1990—1993 年	
托尼·布克	1993 年	
布莱恩·霍顿	1993—1995 年	
阿兰·鲍尔	1995—1996 年	
阿萨·哈特福德	1996 年	
斯蒂夫·科贝尔	1996 年	
菲尔·尼尔	1996 年	
弗兰克·克拉克	1996—1998 年	
乔·罗伊尔	1998—2001 年	
凯文·基冈	2001—2005 年	
斯图尔特·皮尔斯	2005—2007 年	
斯文-约兰·埃里克松	2007—2008 年	
马克·休斯	2008—2009 年	
罗伯托·曼奇尼	2009—2013 年	1 次英超冠军、1 次足总杯冠军、1 次社区盾杯冠军
布莱恩·基德	2013 年	
曼努埃尔·佩莱格里尼	2013—2016 年	1 次英超冠军、2 次联赛杯冠军
何塞普·瓜迪奥拉	2016 年开始	1 次欧冠冠军、6 次英超冠军、2 次足总杯冠军、4 次联赛杯冠军、2 次社区盾杯冠军、1 次欧洲超级杯冠军、1 次国际足联俱乐部世界杯冠军

截至 2023—2024 赛季结束。

历任队长
（二战之后）

弗兰克·斯威夫特（1946—1947年）
埃里克·维斯特伍德（1947—1950年）
罗伊·保罗（1950—1957年）
肯·巴恩斯（1957—1961年）
比尔·莱弗斯（1961—1964年）
约翰尼·克劳桑（1965—1967年）
托尼·布克（1967—1974年）
科林·贝尔（1974—1975年）
迈克·多伊尔（1975—1976年）
大卫·沃特森（1976—1979年）
保罗·鲍尔（1979—1986年）
肯尼·克莱门斯（1986—1988年）
史蒂夫·雷德蒙德（1988—1992年）
特里·费兰（1992—1993年）
基斯·库勒（1993—1996年）
基特·西蒙斯（1996—1998年）
安迪·莫里森（1998—2000年）
阿尔夫-因格·哈兰德（2000—2001年）
斯图尔特·皮尔斯（2001—2002年）
阿里·贝纳比亚（2002—2003年）
西尔万·迪斯丁（2003—2006年）
理查德·邓恩（2006—2009年）
科洛·图雷（2009—2010年）
卡洛斯·特维斯（2010—2011年）
文森特·孔帕尼（2011—2019年）
大卫·席尔瓦（2019—2020年）
费尔南迪尼奥（2020—2022年）
伊尔卡伊·京多安（2022—2023年）
凯尔·沃克（2023—2025年）

历任主席
（二战之后）

鲍勃·史密斯（1935—1954年）
沃尔特·史密斯（1954—1956年）
阿兰·道格拉斯（1956—1964年）
阿尔伯特·亚历山大（1964—1971年）
埃里克·亚历山大（1971—1972年）
皮特·斯瓦勒斯（1972—1994年）
弗朗西斯·李（1994—1998年）
大卫·贝恩斯坦（1998—2003年）
约翰·瓦德尔（2003—2007年）
他信·西那瓦（2007—2008年）
卡尔杜恩·阿尔·穆巴拉克（2008年开始）

主场变迁

海德路球场

曼城队在1887年到1923年使用海德路球场作为主场。1920年,海德路球场的主看台被大火烧毁,据说存放的球队资料也就此丢失;1923年,曼城队搬迁至缅因路球场,海德路球场也在不久后被拆除。

缅因路球场

缅因路球场建成于1923年,1923—2003年作为曼城队的主场。

二战后,曼联队的主场老特拉福德球场因遭遇轰炸而停用,缅因路球场一度成为曼联队与曼城队的共用主场。

2003年5月11日,曼城队在缅因路球场的最后一场比赛中0比1不敌南安普顿队。2002—2003赛季结束后,缅因路球场被拆除,原址改建住宅小区。

伊蒂哈德球场

伊蒂哈德球场又名曼彻斯特城市球场,从2003—2004赛季开始作为曼城队的主场。球场最开始计划作为2000年奥运会比赛场馆,但曼彻斯特申办失败,后来建设作为2002年英联邦运动会的场馆。

伊蒂哈德球场呈碗状,东、西、南看台拥有三层坐席,北看台拥有两层坐席,总容量超过5万人。

队歌

目前曼城队的队歌有两首,分别是 *Blue Moon*(蓝色月亮)和 *The Boys in Blue*(蓝衣军团)。

Blue Moon
(蓝色月亮)

【双语歌词】

Blue moon
蓝色月亮
You saw me standing alone
你看到我茕然独立
Without a dream in my heart
心中没有梦想
Without a love of my own
也没有心爱之人
Blue moon
蓝色月亮
You knew just what I was there for
你知道我就伫立于此
You heard me saying a prayer for
你听见了我的祷告
Someone I really could care for
为一个我能真正在乎的人
And then there suddenly appeared before me
然后那个人突然出现在我面前
The only one my arms will ever hold
那是一个我会永远拥抱的人
I heard somebody whisper
我听到有人低语说
Please adore me
请爱我

And when I looked
当我看过去时
The moon had turned to gold
月亮已变成了金色
Blue moon
蓝色月亮
Now I am no longer alone
现在我不再孑然一身
Without a dream in my heart
心中有了梦想
Without a love of my own
也有了心爱之人
Blue moon
蓝色月亮
You saw me standing alone
你看到我茕然独立
Without a dream in my heart
心中没有梦想
Without a love of my own
也没有心爱之人
Blue moon
蓝色月亮
You knew just what I was there for
你知道我就伫立于此
You heard me saying a prayer for
你听见了我的祷告
Someone I really could care for
为一个我能真正在乎的人

And then there suddenly appeared before me

然后那个人突然出现在我面前

The only one my arms will ever hold

那是一个我会永远拥抱的人

I heard somebody whisper

我听到有人低语说

Please adore me

请崇拜我

And when I looked

当我看过去时

The moon had turned to gold

月亮已变成了金色

Blue moon

蓝色月亮

Now I am no longer alone

现在我不再孑然一身

Without a dream in my heart

心中有了梦想

Without a love of my own

也有了心爱之人

Blue moon

蓝色月亮

The Boys in Blue
（蓝衣军团）

【双语歌词】

City

曼城队

Manchester City

曼彻斯特城队

We are the lads who are playing to win

我们是为胜利而战的伙伴

City

曼城队

The Boys in Blue will never give in

"蓝衣军团"永不言败

Football is the game that we all live for

足球是我们的生活

Saturday is the day we play the game

周六是我们的比赛日

Everybody has to pull together

所有人团结一致

And together will we made

我们会永远站在一起

Even if we're playing down at Maine Road

无论我们是在缅因路球场上驰骋

Or if we play a million miles away

还是在万里之外的客场作战

There always be our loyal fans behind us

在我们身后总会有一群忠实的球迷

To cheer us on our way

为我们加油助威

City

曼城队

Manchester City
曼彻斯特城队
We are the lads who are playing to win
我们是为胜利而战的伙伴
City
曼城队
The Boys in Blue will never give in
"蓝衣军团"永不言败
Blue is forever the best team in the land
曼城队永远是这片土地上最棒的球队
Playing together, together we will stand
我们永远并肩伫立于绿茵球场
City
曼城队
Blue and white they go together
蓝与白是我们不变的底色
We will carry on forever more
我们会将这份信念永远传递下去
Maybe in another generation
或许在新的时代

When other lads have come to take our place
当其他年轻小伙子来接替我们时
They'll carry on the glory of the City
他们仍将续写曼城队的荣耀
Keeping City in this place
带领曼城队走得更远
City
曼城队
Manchester City
曼彻斯特城队
We are the lads who are playing to win
我们是为胜利而战的伙伴
City
曼城队
The Boys in Blue will never give in
"蓝衣军团"永不言败
The Boys in Blue will never give in
"蓝衣军团"永不言败
The Boys in Blue will never give in
"蓝衣军团"永不言败

联赛十大战役

1 1973—1974 赛季第 42 轮：
曼城队 1 比 0 曼联队

1973年夏天，曼联队球星丹尼斯·劳被迫转会至曼城队。在转会后第一个赛季的最后一轮英甲中，丹尼斯·劳面对旧主用脚后跟打入一球，帮助曼城队1比0取胜，而曼联队则降级至英乙。值得一提的是，曼联队在最后一轮到来前便已经确定降级，丹尼斯·劳亲手送曼联队降级的说法可谓英格兰足坛最大的谬传之一。

2 1989—1990 赛季第 7 轮：
曼城队 5 比 1 曼联队

这一场为曼城队崛起之前的同城德比大战，"蓝月"在缅因路球场送给曼联队一场惨败。作为升班马的曼城队在上半场就打入三球，下半场又进两球，锦上添花，大卫·奥德菲尔德上演梅开二度。

联赛十大战役

3 2011—2012 赛季第 9 轮：曼城队 6 比 1 曼联队

毫无疑问，这是令曼城队球员和球迷终生难忘的一场同城德比，巴洛特利与哲科均上演梅开二度的好戏，阿圭罗与大卫·席尔瓦各入一球。巴洛特利掀起球衣，露出里面印有"WHY ALWAYS ME？"的T恤，更是成为那一场比赛的经典瞬间。

4 2011—2012 赛季第 36 轮：曼城队 1 比 0 曼联队

赛前，曼城队在积分榜上落后曼联队3分，只有赢球才能拿到夺冠的主动权。上半场伤停补时阶段，大卫·席尔瓦开出角球，孔帕尼在小禁区边缘高高跃起，头球破门，曼城队的积分最终追平了同城死敌。孔帕尼后来回忆说："那场比赛很特别，那个时间段英超没有其他任何比赛，那似乎是那天世界上唯一的比赛。"

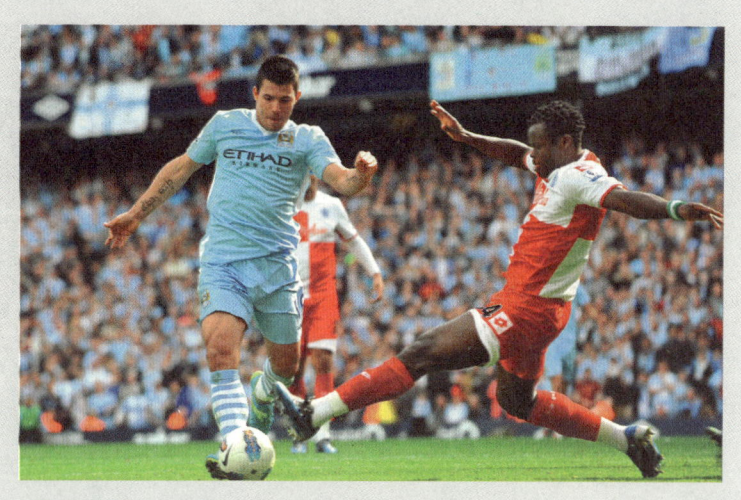

5 2011—2012 赛季第 38 轮：
曼城队 3 比 2 女王公园巡游者队

这是曼城队历史上最经典的比赛之一。比赛开始前，曼城队与曼联队积分相同，但握有净胜球优势。而到了伤停补时阶段，曼城队1比2落后，曼联队却1比0领先。第92分钟，哲科接大卫·席尔瓦角球助攻头槌破门，2比2扳平比分。第93分20秒，巴洛特利倒地将球传至禁区，阿圭罗得球后过掉对方后卫，右脚冷静抽射一击致命，3比2！曼城队最终和曼联队同分，以净胜球的优势夺得球队历史上的首个英超冠军，也是44年来的第一个顶级联赛冠军。

6 2017—2018 赛季第 20 轮：
曼城队 1 比 0 纽卡斯尔联队

这是一场创造历史的比赛。斯特林在圣詹姆斯公园球场取得全场比赛的唯一进球，曼城队则取得联赛18连胜，一举打破英超纪录。这个赛季的英超早早失去悬念，曼城队最终以百分夺冠。

205

7
2018—2019 赛季第 21 轮：
曼城队 2 比 1 利物浦队

赛前，利物浦队保持赛季不败，其积分已经领先曼城队7分。第18分钟，萨迪奥·马内推射，球击中门柱，斯通斯大脚解围，球却被埃德森挡进自家球门，随后斯通斯在门线上极限解围。根据门线技术回放显示，球距离整体越过门线只差1.12厘米，而这1.12厘米之差，也改变了这个赛季的英超争冠走势。

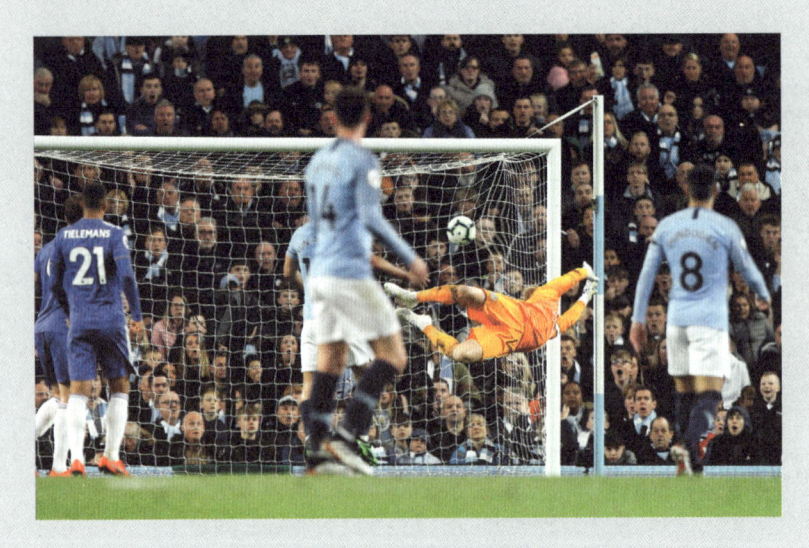

8
2018—2019 赛季第 37 轮：
曼城队 1 比 0 莱斯特城队

赛前，曼城队在积分榜上落后榜首利物浦队2分。比赛第70分钟，队长孔帕尼挺身而出，用一脚惊天远射打入制胜球，赛后他半开玩笑地说，他带球时身边的队友高喊"别射，别射！"赢球后，曼城队带着1分的优势进入末轮比赛，并成功卫冕。

联赛十大战役

9 **2021—2022 赛季第 38 轮：**
曼城队 3 比 2 阿斯顿维拉队

曼城队再次带着比利物浦队多1分的领先优势进入联赛末轮，没想到竟然0比2落后于阿斯顿维拉队！第76分钟，京多安头球破门吹响反击号角；2分钟后，罗德里禁区外远射扳平比分；3分钟后，京多安梅开二度。曼城队完成逆转，再次以1分优势力压利物浦队夺冠。

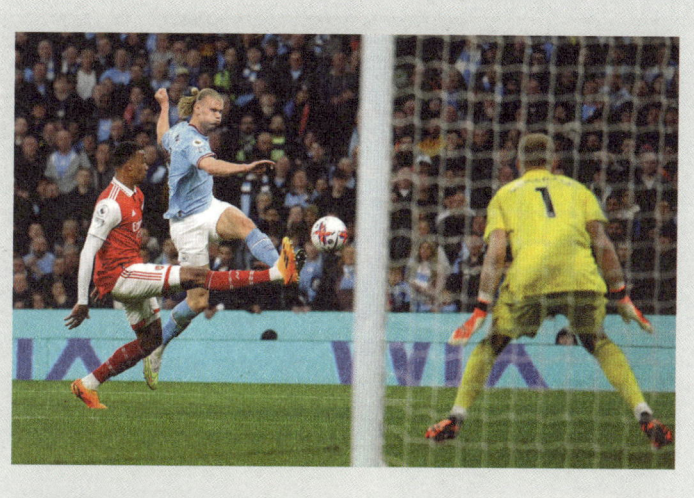

10 **2022—2023 赛季第 33 轮：**
曼城队 4 比 1 阿森纳队

这场是英超"天王山之战"。阿森纳队已领跑积分榜超过200天，领先曼城队5分（比曼城队多赛两场）。但曼城队踢出了这个赛季最好的一场比赛，德布劳内开场7分钟就破门得分，并且在下半场完成梅开二度，哈兰德和斯通斯也各有一球入账。这场胜利让"蓝月"彻底扭转局势，最终完成英超三连冠。

207

欧洲赛事十大战役

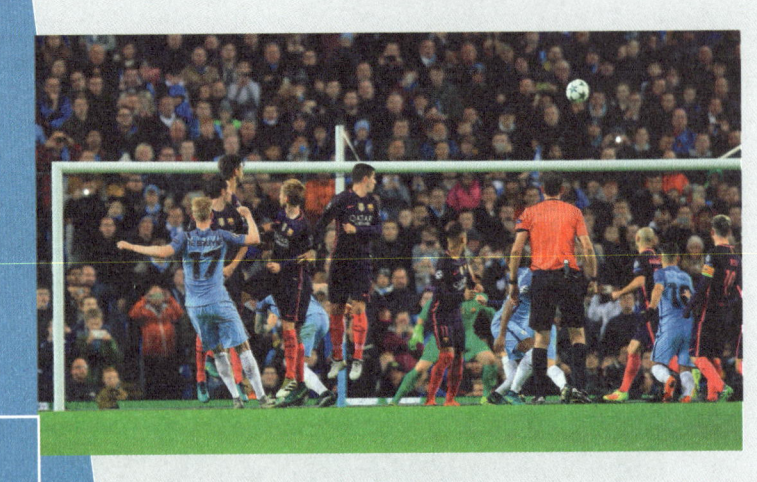

1

2016—2017 赛季欧冠小组赛第 4 轮：曼城队 3 比 1 巴萨队

在这场比赛中，虽然梅西为巴萨队先拔头筹，但是京多安梅开二度、德布劳内任意球破门，帮助曼城队完成了逆转，历史上第一次在欧冠取得对巴萨队的胜利。

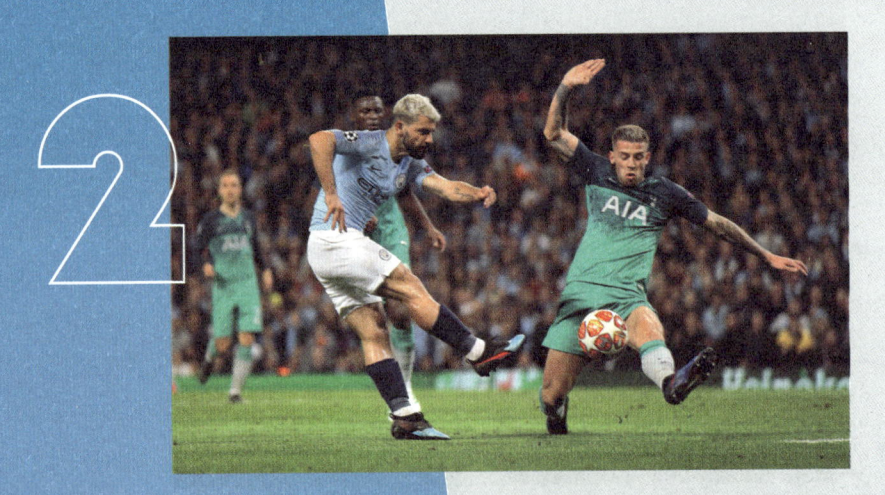

2

2018—2019 赛季欧冠 1/4 决赛次回合：曼城队 4 比 3 热刺队

首回合，曼城队在客场0比1小负。次回合主场作战，斯特林破门扳平总比分，但孙兴慜3分钟内梅开二度，热刺队总比分再度领先。随后贝尔纳多·席尔瓦、斯特林和阿圭罗又各入一球，"蓝月"4比2领先，总比分4比3。第73分钟，费尔南多·略伦特打入全场比赛最后一球，双方总比分4比4战平，曼城队最终因为客场进球少的劣势遗憾出局，但这并不影响这场比赛的精彩。

2019—2020 赛季欧冠 1/8 决赛首回合：
曼城队 2 比 1 皇马队

做客伯纳乌球场，曼城队在第60分钟遭到打击，伊斯科帮助皇马队打破场上僵局，但"蓝月"还是顽强逆转：热苏斯扳平比分，德布劳内传射建功。曼城队终于击败了皇马队！而次回合，曼城队更是完成对对手的"双杀"。

2020—2021 赛季欧冠 1/4 决赛次回合：
曼城队 2 比 1 多特蒙德队

祖德·贝林厄姆的进球帮助多特蒙德队1比0领先，并获得客场进球。关键时刻，马赫雷斯点球破门，福登劲射逆转比分，帮助曼城队取得胜利。曼城队两回合"双杀"对手，晋级欧冠四强。

2020—2021 赛季欧冠半决赛首回合：
曼城队 2 比 1 巴黎圣日耳曼队

客场挑战巴黎圣日耳曼队，曼城队先丢一球，但德布劳内在第64分钟扳平比分，马赫雷斯在第71分钟任意球破门，"蓝月"最终在王子公园球场完成逆转，为首次进入欧冠决赛奠定基础。

2021—2022 赛季欧冠半决赛首回合：
曼城队 4 比 3 皇马队

一场惊心动魄的进球大战！曼城队开场11分钟就已经2比0领先，本泽马扳回一球，福登为"蓝月"扩大领先优势，维尼修斯打入一球，又将差距缩小。贝尔纳多·席尔瓦在第74分钟打入曼城队第4球，但本泽马在第82分钟梅开二度，为此次进球大战画上句号。

欧赛十战 洲事大役

2022—2023 赛季欧冠 1/8 决赛次回合：
曼城队 7 比 0 莱比锡红牛队

面对莱比锡红牛队，曼城队在首回合1比1战平的情况下迎来大爆发，哈兰德一人打入5球，上演"五子登科"的好戏，京多安和德布劳内也各入一球，7比0的比分追平了曼城队历史上在欧冠中的最大比分胜利纪录。

2022—2023 赛季欧冠 1/4 决赛首回合：
曼城队 3 比 0 拜仁慕尼黑队

首回合坐镇伊蒂哈德球场，曼城队用一场比赛就奠定了晋级的胜局，罗德里打破场上僵局，贝尔纳多·席尔瓦和哈兰德先后破门得分，在"名帅斗法"中，瓜迪奥拉完胜图赫尔。

211

欧赛洲事
十大
战役

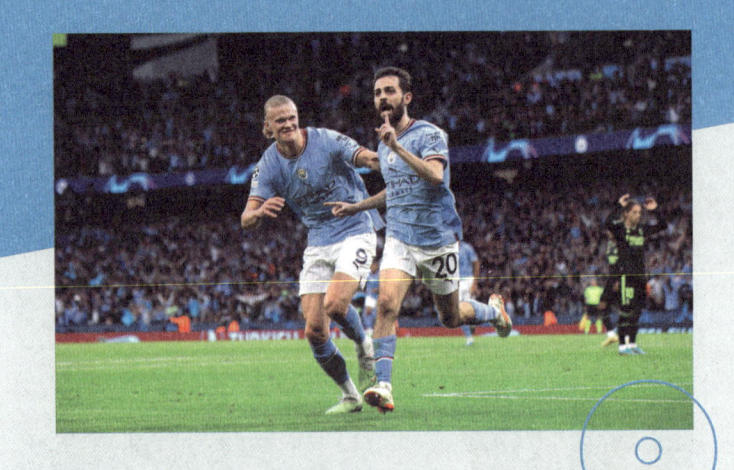

2022—2023 赛季欧冠半决赛次回合：
曼城队 4 比 0 皇马队

首回合在伯纳乌球场，两队1比1握手言和。回到伊蒂哈德球场，贝尔纳多·席尔瓦在上半场就梅开二度；下半场，阿坎吉和阿尔瓦雷斯各入一球。曼城队完胜欧冠第一豪门球队，强势晋级决赛。

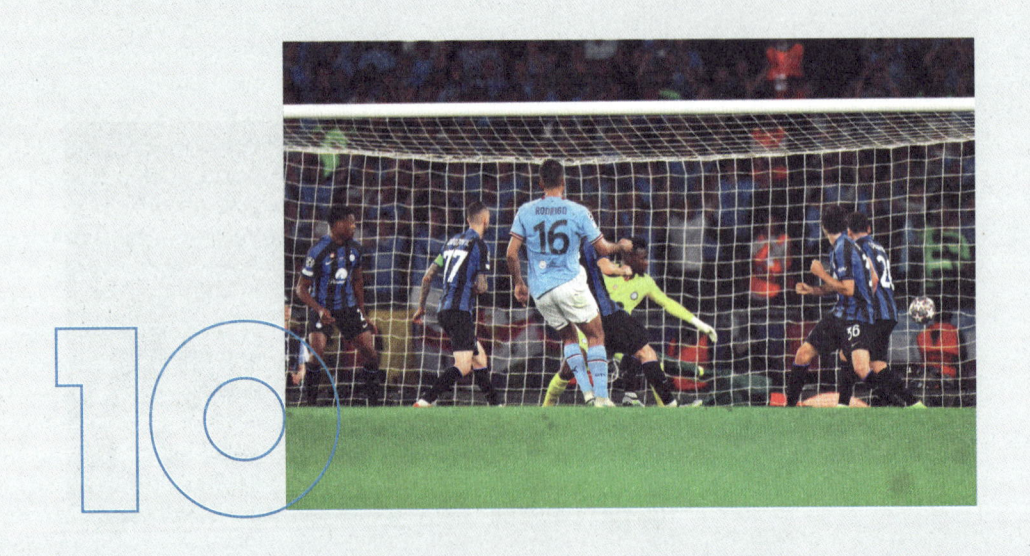

2022—2023 赛季欧冠决赛：
曼城队 1 比 0 国际米兰队

这场比赛无疑是曼城队在欧洲赛场上最重要的一战，凭借罗德里的"一脚定江山"，曼城队用一球击败对手，球队历史上第一次夺得欧冠冠军，同时也实现了惊人的"三冠王"伟业。

中国情缘

曼城队与中国最深的情缘，无疑是孙继海曾经效力该队，并进入曼城队名人堂。他是历史上第一位在英超中亮相的中国球员，并且常年是"蓝月"的主力，除了主要司职右后卫，还能客串后腰，现在也作为曼城队名宿，经常出席各种活动。

此外，在2012年首次夺得英超冠军之后，曼城队就开启了首次中国行。2016年瓜迪奥拉执教曼城队之后，又立刻带队访问中国，可惜原定在"鸟巢"举行的国际冠军杯因故取消，他也未能在北京对阵穆里尼奥。

2019年，曼城队来中国参加英超亚洲杯，在南京奥林匹克体育中心4比1击败西汉姆联队，进入决赛，可惜在上海虹口足球场对阵狼队的决赛中输掉点球大战，无缘冠军。

2023年，曼城队加冕"三冠王"之后，三座冠军奖杯也来到中国进行巡回展出，引起球迷热烈反响，可惜的是，球队未能跟着奖杯一起来到中国。